미국에 관심 있습니다

연방대법원 판례로 본
헌법과 대통령제 이야기

미국에 관심 있습니다

김애경 지음

가디언

목차

04 대법원 판례로 본 사법부 권력

05 | 대법원 판례로 본 팽창하는 행정권력

관심의 출발

2025년 1월 두 번째 대통령에 취임한 트럼프는 줄곧 화제의 중심에 있다. 일방적으로 관세를 부과해 우리나라를 비롯하여 모든 국가를 혼란에 빠뜨렸다. 그리고 군사작전으로 베네수엘라 대통령을 체포해 미국 법정에 세웠다. 게다가 덴마크령 그린란드에 대한 야욕도 드러내고 있다. 또한, 미국의 이익에 반한다는 이유로 66개 국제기구, 협약 및 조약에서 동시에 탈퇴하는 행정명령에 서명했다.

국내적으로도 트럼프는 파격적인 행보를 보이고 있다. 불법 체류자 추방 작전에 군을 동원하고, 이에 반대하는 시위대에도 무력으로 대응했다. 이와 같은 권력 행사에 제동을 건 법원의 몇몇 판결은 무시하기도 했다. 정부 홍보물에는 그를 군주처럼 묘사했고, 스스로도 자신을 '법 위에 있는 존재'라고 생각하는 모습을 보여주었다. 마치 왕을 연상케 한다. 이에 반발하여, 미국 전역에서 '노 킹스No Kings' 시위가 벌어지고 있다.

대통령에 의한 혼란은 미국만의 문제가 아니었다. 우리나라에서도 2024년 12월 3일 현직 대통령이 비상계엄을 선포했다. 그리고 국회를 장악하기 위해 군대를 동원했다. 국회는 해제 요구를 의결했고, 계엄은 해제되었다. 그 후 국회는 대통령을 탄핵 소추했다. 헌법재판소에서 열린 탄핵 심판에서 국회 측은 대통령이 헌법을 위반했다고 주장했다. 결국 헌법재판소는 국회 측 주장에 손을 들어줬고, 대통령은 파면되었다. 새 정부가 출범한 후 느닷없이 삼권분립을 둘러싼 논쟁이 벌어졌다. 국회는 대법원을 개혁하고자 했고, 대법원은 독립성을 주장했다. 이는 선출 권력과 임명 권력 간 서열 논쟁으로 발전되었다.

미국과 우리나라에서 벌어진 혼란을 보면서, 필자는 몇 가지 궁금한 점이 생겼다. 과연 대통령은 제왕인가? 대통령은 어느 누구에 의해서도 견제받지 않는 존재인가? 헌법은 대통령에게 어느 정도의 권력을 부여했나? 권력에 서열이 있나? 필자는 이러한 의문에 대한 답을 구하고 싶어졌다.

그래서 최초 미국의 대통령제를 구상하고 헌법을 설계한 사람들의 생각이 궁금해졌다. 그 오래전 그들은 무슨 생각으로 자신들의 정부를 설계했을까? 이후 대통령제는 역사 속에서 어떻게 변화해 갔을까?

이 책은 필자의 질문에 대한 답을 찾는 과정이다. 제1장은 대통령제를 최초 설계한 사람들이 어떤 생각으로 그것을 구상했는지를 정리했다. 그들의 생각을 가장 잘 담고 있는 〈페더럴리스트The Federalist〉를 중심으로 살펴보았다. 그리고 그 생각이 미국 헌법에 어떤 형태로 반영되었는지도 보았다.

제2장부터 제5장까지는 대통령·입법부·사법부 그리고 현대 팽창하는 행정권력에 관하여 미국 대법원이 내린 역사적 판례들을 정리했다. 미국 헌법은 국가 권력의 기본 구조와 추상적 원리를 제시한다. 반면, 판례는 이러한 원리를 구체적 사건에서 해석·적용함으로써 헌법을 현실 속 규범으로 만든다. 다시 말해, 헌법은 판례를 통해 변화하는 현실에 대응하는 '살아 있는 규범'으로 기능한다. 이러한 점에서 판례, 특히 대법원 판례는

시대마다 대통령제가 어떻게 해석되고 조정되어 왔는지를 보여주는 가장 핵심적인 자료라 할 수 있다.

　대법원 판례는 헌법에 담긴 대통령제의 기본 원리인 삼권분립과 견제·균형의 운영에서 가지는 중요성을 기준으로 선정했다. 각 판례의 내용과 의미도 그런 관점에 한정하여 정리했다. 즉, 연방과 주州의 관계나 개인의 권리와 관련한 헌법적 쟁점은 의도적으로 담지 않았다.

　또한, 이 책은 주로 미국의 연방정부를 규율하는 헌법과 대통령제를 다루고 있다. 따라서 주와 연방과의 관계를 다루는 판례를 설명하거나 맥락적으로 필요한 경우를 제외하고는, '미국' 혹은 '연방'이라는 용어는 최소한으로 제한하고 있다. 예를 들어, 연방정부의 기관은 행정부·입법부·사법부 혹은 대통령·의회·(대)법원으로 표현하였다. 그리고 주로 참고한 미국의 헌법, 대법원 판례, 그리고 〈페더럴리스트〉는 미국 의회도서관(온라인: Library of Congress)을 이용했다. 특히 미국 의회도서관의 Constitution Annotated: Analysis and Interpretation of the U.S. Constitution(온라인)은 많은 도움이 되었다.

이 책의 내용이 헌법과 대통령제에 대한 이해를 돕기를 바란다. 나아가, 지금 우리 사회에서 일고 있는 논쟁에서 서로 다른 의견의 거리를 조금이나마 좁히는 데 기여할 수 있기를 바란다.

이 책이 출판되기까지 많은 도움을 주신 가디언 신민식 대표님과 관계자분들에게 깊은 감사의 마음을 전한다.

대통령제, 그리고 그 최초 설계자들

세 개의 국가 권력과 대통령제

흔히 국가 권력이 수행해야 할 기본 기능은, 법을 만들고 이를 집행하며, 분쟁을 해결하는 것이라고 한다. 즉, 국가라는 공동체를 유지하기 위해서는 그 구성원의 행동을 규율하는 법을 만드는 권력(입법권), 그 법을 집행하는 권력(행정권), 그리고 법을 해석하고 위반 행위에 대해 판단하는 권력(사법권)이 필요하다.

고대 그리스의 도시국가 아테네에서도 이러한 권력의 기능적 구분이 있었다. 최고 의결기관인 민회는 법을 제정했고, 오백인회는 집행 기능을 수행했다. 그리고 배심원제를 중심으로 한 재판 제도가 사법 기능을 담당했다. 반면, 절대군주제 국가에서는 이러한 권력이 분리되지 않았다. 군주 한 사람이 입법권, 행정권, 사법권을 모두 장악했다. 그리고 법이나 의회 등 어떠한 제약도 받지 않고 국가 권력을 자의적으로 행사했다.

근대 이후 등장한 국가는 세 개의 권력을 분산하여 서로 다른 기관에 맡겼다. 세 권력을 어떻게 배분하는지, 그리고 세 권력 간 관계를 어떻게 설정하는지에 관한 방식과 구조를 정부 형태 혹은 통치 구조라 한다. 오늘날 대부분의 민주주의 국가는 정부 형태로 대통령제, 의원내각제, 또는 이원정부제 등을 채택하고 있다.

대통령제의 기본 원리는 삼권분립 그리고 견제와 균형이다. 삼권분립이란 세 개의 권력이 각각 독립된 기관에게 배분되어 있다는 것이다. 즉, 입법권은 입법부(의회)에, 집행권은 행정부(대통령)에, 그리고 사법권은 사법부(법원)에 부여하고, 이 세 기관이 각각 독립적으로 권한을 행사하도록 한다는 원리다. 그리고 견제와 균형은 이 세 기관이 서로의 권한 행사를 감시하고 견제함으로써, 어느 한쪽으로 권력이 기울지 않도록 균형을 유지하는 것이다. 결론적으로 대통령제란, 입법권·행정권·사법권의 분립과 상호 견제를 통해 권력의 균형을 이루는 정부 형태다.

이러한 대통령제를 담은 최초의 헌법이 미국 헌법이다. 따라서 헌법 설계자들이 대통령제를 삼권분립과 견제·균형이 작동하도록 구상한 이유를 살펴보는 것은 지금의 미국을 이해하는 데 중요한 단서가 될 것이다. 즉, 헌법 설계자들이 과연 대통령을 제왕적 권력으로 구상했는지, 아니면 헌법에 의해 제한되는 권력으로 생각했는지를 알 수 있을 것이다.

헌법 설계자들은 누구인가?

1787년 미국 헌법을 제정한 회의를 필라델피아 회의Philadelphia Convention 또는 제헌회의Constitutional Convention라 한다. 그리고 여기에 참여한 대표들을 헌법 설계자들The Framers of the Constitution이라고 부른다. 이들은 대체로 대학 교육을 받은 법률가, 정치인, 상인, 대지주 등 식민지 사회의 지식적·경제적 엘리트 계층에 속한 인물들이었다. 이들의 평균 연령은 대략 40대 초반으로 비교적 젊은 편이었다.

이들 가운데 상당수는 독립전쟁에 장교나 정치 지도자로 참여한 경력을 가지고 있었고, 전쟁 이후에는 후술하는 연합규약Articles of Confederation에 의해 만들어진 연합회의 Congress of the Confederation에 주 대표로 참석한 경험이 있었다. 또한 많은 인물들이 각 주 헌법의 제정이나 개정 과정에 직·간접으로 관여한 바 있어, 실제 헌정 운영의 장단점에 대해 현실적인 문제의식을 공유하고 있었던 것으로 보인다.

특히, '대통령제의 아버지'로 불리는 제임스 매디슨(James Madison)은 필라델피아 회의의 논의 방향을 연합규약의 단순한 개정에서 새로운 헌법의 제정으로 전환시키는 데 핵심적인 역할을 했다. 그는 회의 이전부터 기존 연합규약 체제의 구조적 결함을 체계적으로 분석하고 있었다. 그가 주도적으로 준비한 이른바 '버지니아 플랜Virginia Plan'은 새로운 헌법 논의의 기본 틀이 되었다.

헌법 설계자들의 생각을 알아보기 위해, 우선 〈독립선언문〉을 살펴볼 필요가 있다. 〈독립선언문〉은 그들이 세워야 할 새로운 국가에 대한 모습을 담고 있기 때문이다.

〈독립선언문〉, 절대왕정을 거부하다

잘 알려져 있다시피, 대통령제는 미국이 영국으로부터 독립하면서 만들어진 정부 형태다. 미국은 1775년 독립혁명을 위한 전쟁을 시작했고, 이듬해인 1776년 독립을 선언하며 〈독립선언문〉을 공표했다. 이 문서는 대통령제 탄생을 이해하는 데 매우 중요한 의미를 지닌다. 왜냐하면 이후 새로운 국가를 건국하는 데 있어서 헌법 설계자들이 궁극적으로 이루고자 한 목표가 담겨 있기 때문이다. 그것은 바로 인간의 자유와 권리를 권력으로부터 지켜내는 것이었다.

먼저 〈독립선언문〉이 어떤 내용을 담고 있는지 알아보자.

〈독립선언문〉은 절대왕정에 대한 근본적 거부와 새로운 정치 질서의 선포였다. 그 배경에는 18세기 유럽의 절대군주제가 낳았던 억압이 있었다. 식민지 미국인들은 영국 국왕 조지 3세의 통치가 더 이상 합법적이지 않다고 보았다. 식민지인의 의사를 무시한 과세, 식민지 의회의 해산과 같은 자의적 통치 등을 국왕의 폭정으로 규정하면서, 다음과 같이 선언했다.

"우리는 다음과 같은 진리를 자명한 것으로 여긴다. 모든 사람은 평등하게 창조되었으며, 창조주로부터 양도할 수 없는 일정한 권리들을 부여받았다. 그 권리들 중에는 생명, 자유, 그리고 행복의 추구가 포함된다.

이러한 권리를 확보하기 위해 사람들 사이에 정부가 수립되었으며, 정부의 정당한 권력은 통치받는 자들의 동의로부터 나온다.

어떤 형태의 정부라도 이러한 목적을 파괴하게 될 때, 인민에게는 그러한 정부를 바꾸거나 폐지하고, 인민의 안전과 행복을 가장 효과적으로 보장할 수 있는 원칙에 따라 새로운 정부를 조직할 권리가 있다."

〈독립선언문〉의 이 부분은 새로운 국가가 어떤 모습이어야 하는지를 분명히 밝히고 있다.

첫째, 모든 인간은 태어날 때부터 신분·인종·성별에 관계없이 본질적으로 평등하다고 선언했다. 이는 귀족·왕·성직자에게 특권이 부여되던 당시 유럽의 신분제 질서를 근본적으로 부정한 것이다.

둘째, 인간은 생명, 자유, 그리고 행복 추구라는 자연권을 가진다는 사실을 분명히 했다. 이 권리들은 누구에게도 양도할 수 없는 천부인권, 즉 창조주로부터 태어날 때부터 주어진 권리다.

셋째, 정부 권력의 정당성은 국민의 자발적 동의에 근거해야 한다고 명확히 밝히고 있다. 이는 절대왕정을 정당화했던 '왕권신수설', 즉 왕의 권력이 신으로부터 비롯되었다는 사상을 정면으로 부정하고, 최종 결정은 국민이 한다는 국민주권론을 천명한 것이다.

마지막으로 〈독립선언분〉은 정부의 목표를 제시했다. 정부는 자연권을 보호하기 위한 수단에 불과하며, 그 자체가 목적이 될 수 없다는 점을 분명히 했다. 그리고 국민은 자신의 안전과 행복을 보장하기 위해 정부를 구성할 권리를 가지며, 정부가 그 목적을 파괴할 경우 이를 변경하거나 폐지할 권리 역시 국민에게 있다고 선언하고 있다.

헌법 설계자들, 필라델피아에 모이다

독립혁명을 치르는 과정에서 식민지 13개 주는 상호 협력의 필요성을 인식하게 되었다. 이에 따라 이들은 1781년 연합규약을 제정했다. 연합규약은 13개 주를 하나의 정치적 공동체로 묶어 이를 미합중국The United States of America이라 칭했다. 하지만, 이때의 미합중국은 완전한 의미의 국가라기보다는 각 주의 주권, 자유, 그리고 독립을 최대한 보존하기 위한 느슨한 연합체에 가까웠다.

연합규약 아래에서 중앙정부는 각 주 대표들로 구성된 단원제 의회인 연합회의만을 둔 최소한의 정부였다. 연합규약 하의 미국은 무질서와 혼란이 지배했다. 〈독립선언문〉이 천명했던 '국민의 안전과 행복의 보장'이라는 목표와는 거리가 멀었다.

이와 같은 경험으로 인해 강력하면서도 효율적으로 작동하는 새로운 연방정부의 필요성이 대두되었다. 결국 1787년 5월 25일, 로드아일랜드를 제외한 12개 주의 대표 55명이 필라델피아에 모였다. 이들은 형식상으로는 연합규약의 개정을 목표로 모였다. 하지만, 논의가 시작된 지 얼마 지나지 않아 기존체제를 근본적으로 대체할 새 헌법의 제정에 착수했다.

헌법 설계자들은 약 4개월에 걸쳐 어떤 헌법을 만들 것인지, 그리고 그 헌법을 통해 어떤 형태의 정부를 구성할 것인지를 두고 치열한 논쟁을 벌였다. 그 결과 새 헌법은 1787년 9월 17일 최종 채택되었고, 이후 각 주의 비준 절차를 거쳐 1789년 발효되었다.

이제부터 헌법 설계자들이 어떤 헌법을 만들었으며, 그 헌법을 통해 어떤 정부를 구현하고자 했는지를 살펴보자.

ARCHITECT OF THE
CONSTITUTION

01

미국 대통령제,
삼권분립과
견제·균형의 미학

1. 대통령제는 어떻게 탄생했는가

미국이 영국의 식민 지배에서 벗어나 독립한 과정은 단순한 독립전쟁이 아니라 '독립혁명'으로 평가된다. 그 이유는 새로운 정치 원리의 선언과 그에 기초해 이전에 없던 정부 형태의 창조를 수반했기 때문이다. 그 핵심에는 〈독립선언문〉과 헌법 제정이 있었다.

〈독립선언문〉은 모든 인간은 평등하게 태어나며 생명·자유·행복 추구라는 천부적 권리를 가진다는 점, 그리고 정부의 정당한 권력은 통치받는 인민의 동의로부터 나온다는 새로운 정치 원리를 천명했다. 이어 제정된 헌법은 이 추상적 원리를 제도적으로 구현하여, 권력이 집중되지 않도록 분산·제어되는 새로운 정부 형태를 창조했다. 그 결과 탄생한 것이 바로 삼권분립과 견제·균형의 원리에 따라 작동하는 대통령제였다.

헌법 설계자들은 왜 이러한 대통령제를 고안했는지, 그리고 삼권분립과 견제·균형의 원리가 대통령제라는 제도 속에서 어떻게 구체적으로 작동하도록 설계되었는지, 이를 이해하기 위해서는 먼저 필요한 것이 있다. 그것은 바로 헌법 설계자들이 어떠한 역사적 경험과 사상적 배경 속에서 이러한 헌법을 구상했는지를 살펴보는 일이다.

절대왕정도, 무력한 정부도 거부하다: 경험적 배경

헌법 설계자들은 절대왕정을 거부했다. 이는 영국 식민지 경험에서 비롯된 것이었다. 영국 국왕 조지 3세는 식민지의 동의 없이 과세와 규제를 강행했고, 군사력을 통해 이를 관철했다. 이러한 강압적 통치는 미국 독립혁명의 직접적인 계기가 되었다. 그들은 권력의 집중이 언제든 자유를 짓밟을 수 있다는 사실을 식민지 경험을 통해 깨달았다.

또한, 헌법 설계자들은 무력한 정부 역시 거부했다. 이는 연합규약의 경험에서 비롯되었다. 연합규약 아래에서 연방정부는 각 주의 대표로 구성된 단원제 입법부만을 가진 취약한 정부였다. 독자적인 행정부도, 연방 차원의 사법부도 존재하지 않았다. 또한, 법률을 집행하거나 강제할 수 있는 실질적 수단도 갖추지 못했다. 이로 인해 연방정부는 세금을 직접 부과할 권한이 없었고, 외부의 위협을 막아 줄 군대를 유지할 능력도 부족했다. 주 간 상업을 통일적으로 규제하거나 외교·안보 정책을 일관되게 추진할 힘도 없었다.

각 주는 서로 다른 화폐와 법 체계를 유지했고, 이로 인해 경제적 혼란과 주 간 갈등이 빈번하게 발생했다. 하나의 주권국가라기보다는 느슨하게 결합된 연합체에 가까웠다. 즉, 질서와 안정, 그리고 자유를 실질적으로 보장하기에는 너무나 무력했던 것이다. 이러한 경험을 통해 헌법 설계자들은 권력의 부재 혹은 나약함 역시 문제라는 점을 분명히 인식하게 되었다.

이러한 경험은 헌법 설계자들에게 풀기 힘든 과제를 던져주었다. 절대적 권력이 가져올 수 있는 위험, 그리고 무력한 정부가 가져올 수 있는 혼란, 이 두 가지 위험을 동시에 피하는 것이었다. 그들이 찾은 해답은 '자유를 지킬 만큼 강하지만, 동시에 통제 가능한 정부'였다. 다시 말해, 무질서와 분열, 그리고 외부의 위협으로부터 국민의 자유를 보호할 수 있을 만큼 충분한 힘을 보유하는 정부, 그러나 동시에 그 권력의 행사는 법의 지배를 받는 제한된 정부였다.

자연권 보장을 위해 정부 권력을 제한하다: 로크

헌법 설계자들이 추구한 '제한정부'에 대한 구상은 17세기 영국의 사상가 존 로크(John Locke)에서 비롯되었다. 로크는 절대왕정의 전제적 통치를 비판하며, 인간의 자유와 권리를 보장하기 위한 새로운 정치 원리를 제시했다.

로크 사상의 출발점은 인간이 그 어떤 권력에도 예속되지 않은 생명, 자유, 재산과 같은 천부적인 자연권을 갖는다는 인식이다. 이러한 자연권은 신이나 군주가 부여한 특권이 아니라, 이성을 가진 존재로서 인간에게 본래적으로 속한 권리다. 로크에게 자연권은, 양도될 수도 없고 어떠한 정치적 권력도 침해할 수 없는 절대적이고 불가침의 영역이다.

그러나 로크에 따르면, 자연상태에서는 이 자연권이 완벽하게 보장되지 않는다. 자연상태에서는 인간은 자유롭고 평등하지만, 분쟁이 발생했을 때 이를 공정하게 판단하고 집행할 수 있는 공적 권위가 존재하지 않기 때문이다. 이러한 불안정성을 극복하기 위해 사회계약을 맺고 정치공동체를 구성한다.

이 과정에서 개인은 자신의 자연권 일부를 자발적인 동의로 정부에 위임한다.

그리고 정부는 그 위임을 통해 정치적 권력을 오직 자연권 보호라는 목적 아래에서만 사용할 수 있다. 이러한 점에서 정부는 국민으로부터 권력을 신탁받은 존재다. 특히 입법부는 국민이 위임한 권한을 사용하여 국민의 생명·자유·재산을 보호하고 공공선을 실현해야 하는 수탁자의 지위를 가진다.

로크 사상의 핵심은 '정당한 정부 권력은 통치받는 자의 동의에 기반한다'는 표현에 응축되어 있다. 이는 정부의 권력 행사가 국민의 동의를 통해 부여된 범위를 넘어서면 그 정당성을 상실한다는 의미다. 물론 이러한 위임과 신탁의 구조가 존재하더라도, 궁극적인 주권은 언제나 국민에게 있다. 따라서 정부는 국민의 자연권을 침해할 수 없으며, 모든 권력을 국민으로부터 위임받은 범위 안에서만 행사해야 한다. 만약 정부가 신탁받은 권력을 남용하여 국민의 생명·자유·재산을 침해한다면, 국민은 그 정부를 해체하고 새로운 정부를 수립할 저항권을 가진다.

로크에게 '법'은 바로 이 위임된 권력이 행사될 수 있는 경계를 규정하는 기준이다. 정부 권력은 반드시 법의 한계 안에서 작동해야 하며, 그 한계를 벗어나는 순간 정당성을 잃게 된다는 것이다. 이 점을 강조하며 로크는 '법이 끝나는 곳에서 폭정이 시작된다'고 선언했다. 이는 통치자가 법적 경계 밖에서 자의적으로 권력을 행사할 때, 곧바로 폭정이 시작된다는 경고다. 따라서 법은 국민의 자연권을 보호하는 동시에, 정부 권력을 구속하는 제도적 장치다.

이것이 바로 로크가 주창한 '제한 정부론'이다. 로크의 제한 정부는 통치자의 자의적인 의지가 아닌 법의 지배로 작동하는 정부를 의미하며, 이는 헌법 설계자들의 생각에 깊이 자리 잡고 있었다.

권력을 세 개로 나누다: 몽테스키외

헌법 설계자들이 추구했던 삼권분립과 견제·균형의 원리는 18세기 프랑스의 사상가 샤를 몽테스키외(Montesquieu)의 생각에서 찾을 수 있다. 몽테스키외는 정부 권력이 본성상 남용될 위험을 지니고 있으므로, 권력을 분산시켜 서로 견제하도록 해야 한다는 '권력분립론'을 제시했다.

몽테스키외의 근본적인 문제의식은 시민의 자유를 어떻게 보장할 것인가였다. 절대왕정 시대의 경험을 바탕으로, 권력의 집중이 필연적으로 전제정치로 귀결되며, 그로 인해 시민의 자유는 파괴된다고 경고했다. 그에게 자유를 지키는 유일한 방법은, '권력은 권력으로 견제되어야 한다'는 원칙을 제도적으로 구현하는 것이었다.

몽테스키외가 구상한 제도의 핵심은 권력을 세 개로 나누는 것이었다. 그것은 법을 만드는 입법권, 그것을 집행하는 행정권, 그리고 법을 해석하고 재판하는 재판권(사법권)이다. 그는 이 세 개의 권력이 분리되지 않고 동일한 주체에게 집중될 때 발생할 수 있는 위험을 다음과 같이 강력하게 경고했다.

"입법권과 행정권이 동일한 사람이나 기관에 결합되어 있으면 자유는 존재하지 않는다. 왜냐하면 군주 혹은 상원이 전제적인 법을 만들고 전제적인 방법으로 그것을 집행할 우려가 있기 때문이다.

마찬가지로 재판권이 입법권과 행정권으로부터 분리되지 않으면 자유는 존재하지 않는다. 만약 재판권이 입법권과 결합된다면, 재판관이 곧 입법자가 되어 국민의 생명과 자유는 전제적인 통제에 무방비 상태로 놓이게 될 것이다. 만약 재판권이 행정권과 결합하게 되면, 재판관은 압제자의 모든 폭력을 행사할 수 있을 것이다.

만약 동일한 한 사람이나, 귀족이든 인민이든 동일한 하나의 단체가 이 세 가지 권력, 즉 법을 만드는 권력, 공공의 결정을 집행하는 권력, 그리고 범죄나 개인 간의 분쟁을 재판하는 권력을 모두 행사한다면, 모든 것이 끝나고 말 것이다."

(몽테스키외의 《법의 정신》, 제11권 제6장에서 발췌)

결론적으로 몽테스키외는 권력의 분립을 통해 각 권력이 서로를 견제하고 균형을 이루는 구조적 긴장을 정치제도 속에 내재시켜야 한다고 주장했다. 그는 이러한 정치제도를 담아내는 것이 국가 운영 시스템의 궁극적인 목표라고 보았다.

자유를 지킬 만큼 강하지만, 헌법에 의해 제한되는 공화정: 대통령제의 탄생

헌법 설계자들이 직면한 과제는 로크와 몽테스키외의 생각을 새로운 헌법의 제정과 정부 수립이라는 현실 속에서 어떻게 제도화할 것인가였다. 그들의 목표는 분명했다. 새 정부는 외부의 위협과 내부의 혼란으로부터 국민의 자유를 지킬 수 있을 만큼 충분히 강해야 했다. 그러나 동시에 그 권력은 국민의 동의로 제정된 헌법에 의해 엄격히 제한되어야 했다. 또한, 그들은 절대 군주가 없는 정부를 원했다. 따라서 새 정부는 국민이 선출한 대표들이 권력을 행사하는 공화정이어야 했다.

이와 같은 헌법 설계자들의 구상은 〈페더럴리스트〉에 가장 잘 나타나 있다. 〈페더럴리스트〉는 알렉산더 해밀턴(Alexander Hamilton), 제임스 매디슨, 그리고 존 제이(John Jay)가 집필한 총 85편의 에세이다. 여기서 그들은 새 헌법이 어떠한 원리에 기초해 설계되었는지, 그리고 그 정부 형태가 실제로 어떻게 작동할 것인지를 체계적으로 설명했다. 따라서 〈페더럴리스트〉는 미국 헌법과 정부 구조를 이해하는 데 가장 중요하고 권위 있는 자료로 평가된다. 실제로 대법원은 법률이나 정부 행위의 위헌 여부를 판단할 때, 헌법 조문의 의미를 해석하기 위한 보조 자료로 〈페더럴리스트〉를 지속적으로 인용해 왔다. 이러한 점에서 〈페더럴리스트〉를 이해하는 것은 헌법 설계자들의 생각을 파악하는 데 매우 중요하다.

어떤 정부를 만들 것인가에 대한 헌법 설계자들의 고민은 매디슨이 집필한 〈페더럴리스트〉 37번에서 잘 드러나 있다. 그가 제기한 핵심 문제는 정부에 필요한 안정성과 활력, 그리고 자유와 공화정의 원리를 어떻게 조화시킬 것인가였다. 다시 말해, 자유와 공화정이라는 가치를 훼손하지 않으면서도,

국가를 효율적으로 운영할 수 있는 안정성과 집행력을 어떻게 동시에 확보할 수 있는지였다. 따라서 헌법 설계자들이 구상한 정부는 자유를 현실에서 지켜내면서도 안정성과 효율성이 적절히 결합된 공화정이었다.

나아가 그들이 상정한 공화정은 국민 주권 원리에 기초한 민주 공화정이었다. 이는 매디슨이 집필한 〈페더럴리스트〉 39번에 명확히 나타나 있다. 매디슨에 따르면, 공화정이란 모든 권력이 국민의 다수로부터 위임되며, 권력을 위임받은 자들은 국민의 직접적 또는 간접적 선거를 통해 선출·임명되어, 일정한 임기 동안 혹은 품행이 바른 동안 그 권한을 행사하는 정부를 의미한다.

이러한 매디슨의 생각은 헌법 서문의 "우리 미합중국 국민 We the People of the United States이, 이 헌법을 제정한다"라는 선언에 표현되어 있다. 이 문장은 헌법의 권위와 정당성의 궁극적 원천이 국민임을 분명히 밝힌 것이다. 동시에 이는 정부의 모든 권력이 국민이 제정한 헌법에서 비롯되며, 정부는 그 헌법이 설정한 경계 안에서만 정당하게 권력을 행사할 수 있음을 의미한다.

삼권분립: 기능·의지·인사·재정을 분리하다

헌법 설계자들이 가장 중요하게 생각한 것은 권력의 분산과 통제였다. 그들은 이미 식민지 경험과 앞선 사상가들의 생각을 통해 권력 집중이 자유를 위협한다는 것을 잘 알고 있었다. 매디슨은 모든 권력이 동일한 사람이나 집단에 집중되는 것은 폭정 그 자체이며, 이는 자유를 즉각적으로 위협한다고 경고했다(《페더럴리스트》 47번). 그는 정부의 권력을 분산하는 것이 자유를 보장하는 필수적인 조치라고 생각했고, 따라서 권력을 입법권, 행정권, 사법권 세 개로 분리했다.

나아가 헌법 설계자들은 삼권분립이 제도적 구호에 그치지 않으려면, 각 권력이 '실질적인 독립성'을 갖추어야 한다고 생각했다. 이에 매디슨은 〈페더럴리스트〉 51번에서 권력분립이 실질적으로 작동하기 위한 핵심 조건을 다음과 같이 제시했다.

"자유의 보호에 필수적인 것은, 정부의 각 권력이 분리되어 개별적으로 행사되어야 한다는 것이다. 이를 위해 각 권력은 독자적인 의지를 가져야 한다. 따라서, 각 권력이 다른 권력 구성원들의 임명에 가능한 한 영향력을 행사할 수 없도록 해야 한다. (중략) 또한 각 권력의 구성원들은 자신의 직무에 대한 보수에 대해 가능한 한 다른 권력에 의존하지 않아야 한다."

즉 삼권분립이 단순한 선언에 머물지 않고 실제로 작동되기 위해서는 개별 권력이 독립적으로 기능하여야 한다. 그리고 이를 위해서는 의지, 임명, 보수가 분리되어야 한다.

이러한 원리는 헌법에 그대로 담겼다.

기능의 분리: 입법, 행정, 사법의 기능을 명확히 구분해 각각 다른 기관에 귀속시켰다. 헌법 제1조는 입법 기능을 의회에 부여했고, 제2조는 집행 기능을 대통령에게 맡겼으며, 제3조는 사법 기능을 법원에 주었다. 각 권력의 기능 분리에 대해서는 뒤에서 상세히 다룰 것이다.

의지의 분리: 헌법 설계자들은 각 권력이 독자적 의지를 가져야 한다고 강조했다. 이는 각 권력이 다른 권력의 의사나 승인에 종속되지 않고, 헌법상 부여된 권한 범위 안에서 독립적으로 판단하고 결정할 수 있는 자율성을 갖는 것을 말한다. 이를 위해서는 입법부, 행정부, 사법부의 구성원, 특히 최고위직이 서로 완벽하게 단절된 경로를 통해 국민으로부터 각자의 권위를 위임받아야 한다고 보았다. 헌법은 이를 임기와 선출 방식을 달리하는 것으로 구현했다. 하원은 2년 임기로 주민의

투표로 선출하여 민심을 신속하게 반영하도록 했다. 반면, 상원은 6년 임기로 주 의회에서 선출하여 장기적 안정을 도모하도록 했다. 대통령은 4년 임기로 선거인단 선거를 통해 선출하여 의회로부터 독립된 정통성을 확보하도록 했다. 그리고 법관은 '품행이 바른 동안during good behavior' 종신 재직을 보장함으로써 그들을 임명한 권위에 종속되지 않게 했다.

임명의 분리: 헌법 설계자들은 임명권을 권력 침해의 가장 직접적인 경로로 보았다. 그래서 권력의 독립성을 유지하려면 임명에 대한 상호 종속을 최소화해야 한다고 생각했다. 헌법은 이를 위해 인사권을 분리하면서도 상호 견제가 가능하도록 절충했다. 대통령은 고위 공직자를 지명하지만, 상원의 조언과 동의Advice and Consent를 거쳐야 임명이 확정되도록 했다. 또한, 의원은 재직 중 행정직을 맡지 못하게 하여 행정부와 입법부의 겸직을 금지했다. 법관 역시 대통령이 지명하고 상원의 조언과 동의를 거쳐 임명하게 했다. 하지만, 일단 임명된 이후에는 종신 임기를 부여해 임명한 자의 권위로부터 독립을 보장했다. 이처럼 헌법 설계자들이 말한 임명의 분리는 단순히 인사권을 나누는 기술적 문제가 아니었다. 이는 권력 간 종속을 차단하고 각 권력이 스스로의 의지를 지킬 수 있게 하는

제도적 장치였다.

보수의 분리: 헌법 설계자들은 각 권력 기관의 구성원이 다른 기관의 재정적 결정에 종속될 경우, 독립적으로 판단하고 결정할 자유를 잃게 된다고 생각했다. 이러한 문제의식에서 헌법은 의원의 보수를 법률로 정하게 했고, 대통령의 보수를 임기 중 인상하거나 인하할 수 없게 했다. 그리고 법관의 보수도 재직 중에 감액하는 것을 금지했다. 이는 각 권력이 다른 권력의 재정적 통제나 압력에 종속되지 않고 독립적으로 직무를 수행하도록 하기 위한 것이었다.

권력분립의 설계

권력	권력 행사 주체	선출 방식	임기
행정권	대통령	선거인단에 의해 선출	4년
입법권	하원의원	주 선거구 주민의 투표로 선출	2년
	상원의원	주 의회에 의해 선출 (수정헌법 제17조에 의해 주민투표에 의한 선출로 변경)	6년
사법권	법관	대통령 지명, 상원 동의로 임명	종신

견제와 균형: 권력 간 침해를 방지할 실질적 장치

헌법 설계자들은 폭정을 방지하는 데는 권력분립만으로는

충분하지 않다고 보았다. 삼권분립이 권력과 권력 사이에 형식적인 경계를 설정하는 작업이라면, 그 경계가 현실에서 유지되도록 떠받치는 제도적 장치가 추가로 필요하다고 판단했다. 헌법 설계자들에게 그 장치는 바로 견제와 균형이었다.

견제와 균형이라는 구상은 인간 본성과 권력의 속성에 대한 인식에서 출발했다. 이 점은 매디슨이 집필한 〈페더럴리스트〉 51번에서 잘 나타나 있다.

"야심은 야심으로 대항해야 한다. 개인의 이익은 자신이 맡은 직위에 부여된 헌법적 권한과 연결되어야 한다. 정부의 권력 남용을 억제하기 위해 이러한 제도적 장치들이 필요한 이유는 인간 본성에 대한 불신에서 비롯된다. 애당초 정부란 무엇인가? 그것은 인간성에 대한 가장 큰 불신의 표현이 아니겠는가? 만약 인간이 천사라면 정부는 필요하지 않을 것이다. 또한 천사가 인간을 다스린다면 정부에 대한 외부적·내부적 통제도 필요하지 않을 것이다. 인간이 인간을 통치하는 정부를 설계하는 데 가장 큰 어려움은 바로 여기에 있다. 먼저 정부가 국민을 통제할 수 있도록 해야 하고, 다음으로는 정부가 스스로를 통제할 수 있도록 만들어야 한다. 정부에 대한 가장 근본적인 통제는 정부를 국민에게 의존하게 만드는 것이지만, 경험은 우리에게 보조적인 제도적 안전장치가 필요하다는 사실을 가르쳐 왔다."

헌법 설계자들은 인간이 본성상 이익과 권력욕, 즉 야심을 추구하는 존재임을 부정하지 않았다. 오히려 제거할 수 없는 현실로 이러한 야심을 인정했다. 정부 역시 인간이 운영하는 제도인 이상, 인간의 야심을 당연히 전제하고 설계되어야 한다고 생각했다.

매디슨은 바로 이 인간의 야심을 권력 억제의 동력으로 전환하려 했다. 각 권력 기관은 자신의 고유한 권한과 지위를 지키려는 야심을 갖는다. 그런데 그 야심이 다른 권력의 침해에 저항하도록 제도화된다면, 권력을 외부에서 강제로 통제하지 않더라도 내부적으로 견제될 것이다. 이것이 매디슨이 말한 "야심에는 야심으로 대항하게 하는" 구조였다.

더 나아가 헌법 설계자들은 권력이 본성적으로 자신의 경계를 넘어 확장하려는 속성을 가진다고 보았다. 따라서 권력을 단순히 분리하는 것만으로는 충분하지 않다고 생각했다. 형식적 분리는 언제든 무력화될 수 있기 때문이다. 권력 간 침해를 막기 위해서는 각 권력이 실제로 충돌하고 긴장할 수 있도록 하는 견제 매커니즘이 필요하다고 보았다. 즉, 권력은 다른 권력에 의해 통제되어야 하며, 그 통제는 추상적 선언이 아니라 제도 속에서 반복적으로 작동하는 것이어야 했다. 이것이 헌법 설계자들이 구상한 견제와 균형의 의미다.

이처럼 헌법 설계자들은 권력분립이 스스로 유지되는 원리가 아니라, 견제와 균형의 장치를 통해서만 지속될 수 있다고 보았다. 이러한 인식에 기초해, 그들은 헌법에 권력 간 상호 견제 장치들을 담았다.

이제부터 이들이 설계한 대통령제에서 행정부, 입법부, 사법부가 각각 어떤 권한을 부여받았는지, 그리고 그 권한들이 어떤 견제와 균형의 장치로 연결되어 있는지를 구체적으로 살펴보자.

2. 헌법 설계자들의 입법부에 대한 구상

입법부, '필연적 우위'를 가진 공화정의 출발점이다

입법부, 헌법 제1조에 배치하다

헌법 설계자들은 제1조에 입법부, 제2조에 행정부, 제3조에 사법부를 배치했다. 그러나 그것은 권력의 서열을 나타낸 것은 아니었다. 이는 공화정을 구성하는 기능적 중요성과 논리적 순서를 반영한 것이었다.

그들은 헌법 제1조에 입법부(의회)를 배치한 이유를 직접 설명하고 있지는 않다. 하지만, 이는 권력의 정당성이 국민에게서 나온다는 국민 주권 원리를 상징적으로 나타내는 것으로 볼 수 있다. 그들은 하원을 국민과 가장 직접적으로 연결되도록 설계했다. 그리고 입법 과정은 국민의 의사가 법에 반영되는 핵심 경로라고 보았다. 따라서 국민의 의사가 국가 권력의 출발점이라는 점에서, 의회가 공화정의 핵심이자 정부 권력의 출발점이 되어야 한다고 생각한 것이다.

또한, 이는 정부 운영의 논리적 순서이기도 하다. 즉, 입법부는 국민의 의사를 반영해 법을 만들고, 행정부는 그 법을 집행하며, 사법부는 그 집행에서 발생하는 분쟁을 해결한다. 세 권력의 배치 순서는 이 흐름을 따른 것으로 볼 수 있다.

마지막으로 입법부는 법률 제정을 통해 다른 권력의 제도적 근거와 작동의 틀을 제공한다. 아래에서 알 수 있듯, 행정부나 사법부의 조직 및 권한 행사는 대부분 의회가 제정한 법률에 기반하기 때문이다. 따라서 입법부를 공화정의 출발점으로 놓는 것은 헌법 설계자들에게 자연스럽고 당연했던 것으로 보인다.

입법부는 필연적으로 우월하다

헌법 설계자들은 입법부를 다른 권력보다 근본적으로 우월한 지위에 있다고 인식했다. 매디슨은 공화정의 특성상 입법부가 '필연적으로 우세할 수밖에 없다'고 주장했다(《페더럴리스트》 51번). 입법부는 주권자인 국민과 가장 밀접하게 연결되어 그들의 의사를 반영하며, 무엇보다 다른 권력의 권한 범위를 규정하는 법률을 제정하기 때문이다.

그로 인해 '입법부는 모든 곳에서 자신의 활동 범위를 넓혀 가고 있으며, 모든 권력을 자신의 거대한 소용돌이 속으로 끌어들이고 있다'고도 경고했다(《페더럴리스트》 48번). 헌법 설계자들에게 입법부는 다수의 지지를 동력으로 삼아 사법부와 행정부의 영역까지 잠식할 수 있는 역동적이고 위협적인 존재였다.

이처럼 입법부는 구조적으로 우위를 점하고 있기에, 권력 남용의 가능성 또한 가장 크다고 판단했다. 따라서 헌법 설계자들은 입법권이 견제되고, 동시에 헌법이 정한 한정된 범위 안에서만 행사되도록 엄격히 제한되어야 한다고 보았다.

입법권은 헌법이 부여한 권한으로 제한된다

헌법 제1조는 "'여기 부여된herein granted' 모든 입법 권한은 상원과 하원으로 구성된 미합중국 의회에 귀속된다"라고 명시한다. 이는 의회가 입법권을 배타적으로 가진다는 의미지만, 동시에 의회의 입법권이 제한된다는 의미이기도 하다. '여기 부여된'이라는 표현은 의회가 헌법에 명시된 권한만 가지며, 스스로 그 이상을 확대하거나 새로운 권한을 창출할 수 없다는 뜻이기 때문이다.

이는 매디슨이 〈페더럴리스트〉 45번에서 주장한 것과 맞닿아 있다. 그는 의회의 권한이 본질적으로 '적고 한정된few and defined' 것에 불과하다고 설명했다. 이는 의회가 모든 문제를 다룰 수 있는 포괄적 입법권을 가진 존재가 아니라는 것이다.

결론적으로 의회의 입법권은 헌법에 열거된 범위에 한정된다. 다만, 헌법은 이러한 열거된 권한을 실질적으로 행사할 수 있도록, 그 실행에 필요하고 적절한 수단을 법률로 정할 수 있는 권한을 함께 부여했다(제1조 제8항). 동시에 의회가 어떠한 경우에도 침범할 수 없는 입법의 한계도 명확히 설정했다(제1조 제9항). 대표적인 예가 형벌에 대한 법을 제정할 때 소급해서 처벌하지 못하도록 하는 것이다. 이는 설령 의회의 권한에 속하는 사안이라 하더라도, 헌법이 금지한 방식이나 내용으로는 입법할 수 없음을 말한다. 즉 의회의 입법권이 무한한 권력이 아니라, 헌법에 의해 위임된 제한된 권력이며, 헌법이 설정한 경계를 넘어 행사될 수 없다는 것이다.

의회를 두 개로 나눠 상호 견제하게 하다

헌법 설계자들은 또한 입법부의 필연적 우월성을 제어하기 위한 또 하나의 장치를 설계했다. 그것이 양원제 의회였다. 입법부 권력을 내부적으로 분산시킨 것이다. 의회를 상원과 하원으로 나누고, 각 원은 다른 원이 발의한 법률안을 거부할 수 있도록 했다. 의회 내에서 서로를 견제하게 하는 구조를 만든 것이다.

또한, 헌법 설계자들은 의회가 선거를 통해 국민과 밀접하게 연결된 만큼, 다수의 감정과 여론에 쉽게 휩쓸릴 위험이 있다는 점도 우려했다. 그들은 단원제로 운영되는 의회가 여론의 급류에 휩쓸릴 경우, 성급하고 해로운 입법이 초래될 수 있다고 경고했다. 그래서 법안이 하원과 상원이라는 두 문턱을 통과하도록 함으로써, 헌법에 심사숙고의 과정을 담았다.

이처럼 의회를 두 개로 나눈 것은 입법부 내부에서 스스로 균형을 잡도록 한 제도적 장치이자, 입법부의 권력 남용을 막는 1차 방어선이었다.

의회는 법률로 국가 운영의 틀을 마련하다

헌법 제1조가 의회에 부여한 입법권의 핵심적 내용은 다음과 같다.

재정·조세 권한: 의회는 조세·관세·소비세를 부과·징수하고, 연방 부채를 관리하며, 정부 지출을 승인할 권한을 가진다. 이는 국가의 세입과 세출 전반을 통제하는 권한으로서, 흔히 재정통제권Power of the Purse이라 불린다. 이 권한은 모든 연방정부의 재정 활동이 국민의 대표기관인 의회의 승인 아래 이루어져야 한다는 민주적 원칙을 구현한 것이다. 또한, 의회가 행정부의 예산 집행과 정책 방향을 실질적으로 제어할 수 있는 의회의 중요한 견제 수단이기도 하다.

국가안보 권한: 의회는 전쟁을 선포하고, 군대를 창설·유지·규율하며, 민병대(주 방위군)를 소집·조직·규율할 권한을 가진다. 아울러 국방 관련 예산 승인과 군사 관련 법률 제정 권한도 행사한다. 대통령이 군 통수권자로서 군사작전을 지휘·수행하더라도, 전쟁의 선포, 군대 유지에 필요한 재정과 법적 기반의 마련은 반드시 의회의 입법 절차를 거쳐야 한다. 이는 군사력이라는 막대한 국가 권력이 단일한 행정권에 집중

되는 것을 방지하고, 민주적 통제를 확보하기 위한 제도적 안전장치다.

경제·상업 권한: 의회는 외국과의 통상, 주州 간 상업, 그리고 원주민 부족과의 교역을 규제할 권한을 가진다. 이는 헌법의 상업 조항Commerce Clause에 근거한 것으로, 연방 내 시장의 통일성과 경제 질서를 유지하고 주 간 경제적 단절과 보호주의를 방지하는 기능을 한다. 또한, 의회는 화폐의 발행과 가치 기준의 설정, 파산에 관한 통일적 법률 제정, 우편제도의 설치·운영, 특허·저작권 보호 등의 권한을 통해 전국적 차원의 경제·산업 기반과 교통·통신 및 지식 경제의 토대를 구축한다.

필요·적절한 모든 법률 제정 권한: 의회는 헌법이 열거한 권한을 실질적으로 실행하기 위해 필요하고 적절한 모든 법률을 제정할 수 있다. 이 조항을 필요·적절 조항Necessary and Proper Clause이라 한다. 물론 이는 의회가 새로운 독자적 권한을 창출할 수 있음을 의미하는 것은 아니다. 헌법에 명시된 권한을 효과적으로 수행하기 위해 그 목적과 합리적으로 관련된 수단을 입법하는 것을 허용하는 것이다. 여기서 헌법에 열거되지는 않았지만, 의회가 행사할 수 있는 묵시적 권한Implied

Power이 인정된다. 또한, 입법부는 필요·적절 조항에 근거해 연방정부를 조직할 수 있는 권한을 가진다. 의회는 입법부 고유 권한뿐 아니라, 행정부와 사법부가 헌법상 권한을 수행할 수 있도록 제도·기구·절차를 마련하는 법률을 제정할 수 있기 때문이다. 각종 행정기관 설치와 권한 부여도 이 조항에 근거한다. 이러한 점에서 필요·적절 조항은, 연방정부가 시대의 변화와 국가적 필요에 따라 유연하게 대처할 수 있도록 한 장치이기도 하다.

이와 같이 헌법 설계자들은 의회를 국가 운영의 법적·제도적 틀을 마련하는 기관으로 설계했다. 그 결과 의회는 행정부와 사법부가 작동할 수 있는 법적 기반을 제공하는 동시에, 재정·국방·경제·조직 등 국가 권력 전반에 걸쳐 그 방향과 한계를 설정하는 중심축이 되었다.

입법부에게 다른 권력에 대한 견제 수단을 부여하다

대통령·행정부에 대한 견제 수단

재정 통제 권한: 의회는 조세의 부과·징수와 연방 예산의 지출을 승인할 권한을 가진다. 대통령은 의회의 세출 승인 없이는 자신이 원하는 정책이나 군사 활동을 실행할 수 없다. 또한, 의회는 행정부의 재정 활동 전반을 실질적으로 통제한다. 이 권한은 행정부의 정책 방향과 우선순위를 조정·제약할 수 있는 의회의 강력한 견제 수단이다.

행정부 조직 권한: 의회는 행정조직의 기본 틀과 작동 방식을 정한다. 즉 법률을 통해 행정 부처와 기관의 설치, 조직, 기능 및 권한을 규정한다. 이로써 행정부는 헌법이 아니라 의회가 제정한 법률에 근거하여 구체적으로 구성·운영되며, 그 권한 행사 역시 법률의 범위 안에서만 가능하다.

인사 인준 및 조약 비준 동의: 상원은 조언과 동의를 통해 대통령이 지명하는 고위 공직자(장관, 대사, 대법관 등)에 대한 인준 권한을 행사하며, 대통령이 체결한 조약에 대해서는 비준 동의권을 가진다. 이 절차는 대통령의 인사권과 외교권 행사에 대해 상원의 심의를 거치도록 함으로써, 행정부의 독단적인 권력 행사를 제어하기 위한 장치다.

탄핵 소추 및 심판: 대통령과 부통령, 그리고 행정부의 주요 고위 공직자에 대하여, 하원은 탄핵 소추 권한을 가지며, 상원은 이를 심판할 권한을 가진다. 탄핵 제도는 행정부 고위 인사가 직무상 중대한 위헌 또는 위법 행위를 저질렀을 때, 의회가 정치적·헌법적 책임을 물어 그를 파면할 수 있는 수단이다.

대통령 거부권 재의결: 헌법은 대통령이 거부권을 행사한 법률안에 대해 상원과 하원이 각각 재의결할 경우, 그 법률안이 법률로 확정되도록 규정하고 있다. 대통령의 거부권은 행정부가 입법부의 우월적 지위에 일방적으로 종속되지 않도록 하기 위한 방어적 장치다. 그리고 의회의 재의결 제도는 대통령의 거부권이 국민의 다수 의사에 따른 입법 과정을 방해하지 못하도록 하는 것이다.

사법부에 대한 견제 수단

하급 법원 설치 및 관할권 조정: 헌법은 대법원의 존재만을 명시하고 있다. 반면, 하급 법원의 설치는 의회가 법률로 정하도록 위임하고 있다. 이 권한에는 하급 법원의 설치와 폐지, 조직 구성, 관할권 설정이 포함된다. 또한. 헌법은 대법원의 원심 관할권은 직접 규정하는 반면, 상고 관할권에 대해서는 의회가 정한 예외와 규정Exceptions and Regulations에 따르도록 했다. 이처럼 사법부는 개별 사건에 대한 판단에서는 독립성을 가지지만, 헌법이 직접 규정하지 않은 법원 체계와 관할권 범위는 입법부가 설계한다.

법관 인준: 대통령이 지명하는 모든 법관(대법관 포함)은 상원의 인준을 받아야 임명된다. 이는 대통령의 인사권을 견제하는 동시에, 사법부의 인적 구성이 특정 권력에 독점되지 않도록 하여 사법부의 독립성을 제도적으로 보완하는 역할을 한다.

법관 탄핵 소추 및 심판: 하원은 법관에 대한 탄핵을 소추할 권한을, 상원은 이를 심판할 권한을 가진다. 종신 임기를 보장받는 법관이라 하더라도 헌법이나 법률을 위반할 경우, 그 책임을 면할 수 없도록 한 것이다. 이는 사법부에 대해 책임성을 부여하기 위한 장치다.

3. 헌법 설계자들의 대통령에 대한 구상

행정부의 활력과 공화정적 안전의 균형점을 찾다

헌법 설계자들은 대통령을 '강력하면서도 통제받는 행정부'의 수반으로 구상했다. 그들은 한편으로 국가를 효율적으로 운영할 수 있는 '활력 있는 행정부'를 창조해야 했다. 다른 한편으로는 그 권력이 폭정으로 흐르지 않도록 '공화정적 안전'을 보장해야 했다. 즉 강한 집행력과 민주적 통제가 동시에 작동하는 제도를 설계하는 이중의 과제를 안고 있던 것이었다. 해밀턴이 집필한 〈페더럴리스트〉 70번은 그것을 설명하고 있다.

"행정부의 활력은 좋은 정부를 정의하는 핵심적인 특징이다. (중략) 행정부의 활력을 구성하는 요소는 첫째, 단일성; 둘째, 임기의 지속성; 셋째, 적절한 보상; 넷째, 적합한 권한이다. 공화정적 의미의 안전을 구성하는 요소는 첫째, 국민에 대한 적절한 의존, 둘째, 적절한 책임이다."

활력 있는 대통령을 설계하다

헌법 설계자들은 정부가 무력할 경우 외부의 침략과 내부의 혼란으로부터 국민의 생명, 재산, 자유를 보호할 수 없다고 보았다. 그들에게 행정부의 활력, 즉 에너지는 국민의 안전 보장과 안정적 법 집행을 가능하게 하는 '좋은 정부'의 필수 조건이었다. 최고 행정 수반이 나약할 경우 정부는 결단력을 상실하고 무책임한 운영으로 전락한다고 판단했다. 이에 따라 헌법이 설계한 대통령은 다음 네 가지 요소를 통해 활력을 갖춘 집행자였다.

단일성: 헌법은 "행정권은 미합중국 대통령에게 부여된다" 라고 규정하여(제2조 제1항), 행정권을 1인, 즉 단일한 수반에게 귀속시켰다. 헌법 설계자들은 집행자가 여러 명일 경우, 의견 충돌과 책임 회피가 발생해 결단력과 효율성이 약화된다고 보았다. 반대로 단일 수반은 신속한 결정과 명확한 책임 귀속을 통해 강력하면서도 책임 있는 행정부를 구현할 수 있다고 생각했다.

임기의 지속성: 헌법 설계자들은 대통령 임기를 4년으로 정했다. 임기가 지나치게 짧다면, 행정 수반이 다시 당선되고 싶은 욕심에 여론과 정치적 압력에 휘둘리게 될 수 있다고 염려했다. 반대로 지나치게 긴 임기는 군주제나 독재로 변질될 위험이 있다고 우려했다. 그들은 4년이라는 기간이 정책을 일관성 있고 안정적으로 추진할 수 있는 적절한 시간이라고 보았다.

적절한 보상: 헌법은 대통령이 정기적으로 보수를 받되, 임기 중에는 그 보수가 인상되거나 감액되지 않으며, 연방이나 주로부터 그 밖의 어떠한 급부도 받을 수 없도록 규정했다. 이는 대통령이 의회의 재정 통제뿐 아니라 주정부나 기타 외부 세력의 경제적 영향으로부터도 벗어나, 독립적인 판단 아래 직무를 수행하도록 하기 위한 장치였다.

적합한 권한: 헌법은 대통령에게 행정권을 부여하고, 이와 함께 법률이 충실히 집행되도록 할 의무, 즉 충실집행의무Take Care Clause를 부여했다(제2조 제3항). 이를 수행하기 위해 대통령은 연방 행정부처와 기관을 지휘·통제하며 국가 정책을 집행한다. 또한, 군 통수권, 외교권, 임명권 등 국가 운영에 필수

적인 실질적 권한을 행사하도록 했다.

책임지는 대통령을 제도화하다

그러나 헌법 설계자들은 활력 있는 대통령이 곧바로 자유를 보장하지 않는다는 점도 분명히 인식하고 있었다. 그래서 대통령 권력이 폭정으로 흐르지 않도록 공화정적 안전을 함께 설계했다. 이는 대통령이 국민에게 적절히 의존하도록 하고, 동시에 책임을 지도록 만드는 구조였다.

국민에 대한 적절한 의존: 헌법 설계자들은 대통령이 선거인단 제도라는 간접 선거를 통해 선출되지만, 그 선거인단 구성은 국민의 선택에 근거하도록 설계했다. 대통령은 국민으로부터 권력을 위임받아 행사하며, 4년마다 선거를 통해 자신의 정책과 결정에 대해 정치적 심판을 받도록 했다. 현재는 수정헌법 제22조에 의해 대통령 임기가 두 번으로 제한되지만, 본래 헌법은 대통령의 재선 횟수에 제한을 두지 않았다.

적절한 책임: 헌법 설계자들은 대통령 권력이 국민으로부터 위임된 것이라 하더라도, 그 행사가 무제한적이어서는 안 된다고 보았다. 이에 그들은 행정권을 대통령에게 집중시키

는 대신, 대통령이 모든 행위에 대해 최종적인 책임을 지도록 하는 구조를 설계했다. 권한의 집중은 곧 책임의 명확성을 가져온다는 것이었다. 이러한 책임의 원리를 실질적으로 구현하기 위해 헌법은 두 가지 제도적 장치를 마련했다.

첫째는 탄핵 제도다. 헌법은 대통령이 반역죄, 수뢰죄, 기타 중범죄 및 경범죄high Crimes and Misdemeanors를 저질렀을 경우, 의회를 통해 정치적 책임을 물을 수 있도록 했다. 이는 대통령을 법 위에 군림하는 존재가 아니라, 헌법 질서 안에서 책임을 지는 공직자로 위치시키기 위한 장치였다.

둘째는 사법적 통제, 즉 사법심사Judicial Review다. 헌법은 사법심사를 명문으로 규정하고 있지는 않다. 하지만, 헌법 제정 이후 대법원 판례를 통해 대통령의 명령이나 행위 역시 헌법과 법률의 한계를 넘을 수 없다는 원칙이 확립된다. 사법심사는 대통령 권한 행사가 헌법 질서에 부합하는지를 최종적으로 판단하는 장치로서, 대통령 역시 법의 지배 아래에 있음을 분명히 한다.

대통령은 단일 행정 수반이자 국가 수반이다

헌법 설계자들은 대통령을 단일 행정 수반으로 설계하면서, 그 권한이 자연스럽게 국가를 대표하는 역할로 확장되도록 했다. 헌법은 '국가 수반'이라는 표현을 명시적으로 사용하지 않고 있다. 그러나 대통령에게 부여된 외교권과 군 통수권, 그리고 국가를 대표하는 상징적 역할이 결합되면서, 대통령은 국가 수반의 지위를 갖게 되었다.

헌법 제2조는 대통령이 행사하는 핵심 권한을 다음과 같이 규정하고 있다.

행정권: 헌법은 대통령에게 행정권을 부여하고, 대통령은 행정부의 최고 책임자가 된다. 이에 따라 대통령은 행정 부처와 기관을 지휘·감독하며, 법률이 충실히 집행되도록 할 헌법적 의무, 즉 충실집행의무를 가진다. 이와 같은 행정권과 충실집행의무는 대통령 권한의 핵심이다. 이는 대통령이 행정부를 조직·운영하고, 행정 공무원 임명, 행정부 각 부처와 기관의 정책 방향 설정 등 행정부 조직 전반을 지휘·감독할 수 있는 권한의 원천이 된다. 대통령 권한은 주로 행정명령Executive Order, 선언문Proclamation, 교서Memorandum, 결정

Determination 등 각종 명령을 통해 행사된다. 대통령이 발하는 각종 명령은 헌법에 명문으로 규정되어 있지 않다. 이는 대통령에게 부여된 행정권과 충실집행의무에 내재되거나 그로부터 파생된 집행 수단으로 이해할 수 있다. 다만, 이러한 명령들은 그 내용과 성격에 따라 외교권, 군 통수권, 사면권 등 대통령의 개별 헌법상 권한을 실질적 근거로 하여 발동된다.

군 통수권: 대통령은 군대, 그리고 소집된 민병대(주 방위군)에 대한 최고 지휘권을 가진다. 이는 군사작전의 계획과 집행, 병력 배치 등 군사적 판단을 총괄하는 권한이다. 다만, 전쟁의 선포, 군대 유지에 필요한 예산, 군사 관련 규율의 기본 틀은 의회의 권한이다. 이러한 설계는 위기 상황에서 대통령에게 필요한 신속성과 단일성을 보장하면서도, 대통령의 군사력 사용이 법의 지배와 민주적 통제를 벗어나지 않도록 하기 위함이다.

외교권: 이는 대통령이 국가를 대표하는 국가 수반임을 상징하는 권한이다. 외국과의 조약 체결권, 대사·공사·영사 등 외교관 임명권, 외국의 외교 사절 접견권 등이 포함된다. 특히 외국의 외교 사절 접견권은 특정 정부나 국가를 승인하는 배타적 권한을 내포한다. 대외 관계에서 국가가 단일한 목소리

를 내야 하는 외교의 본질상 대통령에게 광범위한 재량이 부여되어 왔다. 다만, 대통령은 조약 체결과 주요 외교관 임명 시 상원의 조언과 동의를 받아야 하고, 외교 정책 실행을 위한 예산, 법률 등은 의회에 의존해야 한다. 이는 외교라는 국가 행위를 위해 대통령에게 권한을 부여하면서도 의회의 통제 안에서 이루어지도록 설계된 것이다.

임명권: 대통령은 상원의 인준을 얻어 행정부 고위 공직자를 임명한다. 하급 공직자에 대해서는 의회가 법률로서 그 임명 권한을 대통령 단독 또는 부처 장관에게 위임할 수 있다. 이는 대통령이 행정부의 정책 방향을 결정하고 조직을 장악하는 핵심 수단이다. 또한, 대통령은 상원의 인준을 얻어 대법관을 포함한 모든 연방 법관을 임명한다. 의회가 하급 법원을 설치, 폐지 및 조정할 수 있는 권한을 가진다면, 대통령은 그 법원을 채울 법관을 인사할 권한을 가진다.

사면권: 대통령은 탄핵을 제외한 모든 연방 범죄에 대해 사면을 명할 수 있다. 또한, 필요할 경우 형의 집행을 일시적으로 유예할 권한을 가진다. 사면권은 국가 수반으로서 행사하는 독점적이고 배타적인 권한으로, 의회나 사법부의 개입 없이

대통령의 단독 판단만으로 행사된다.

결론적으로 헌법 설계자들이 구상한 대통령은 강력한 집행력을 가지는 동시에, 국민에 대한 의존과 헌법적 책임을 통해 통제되는 권력이었다. 이는 전제적 군주와 무력한 정부라는 두 극단을 동시에 극복하려는 헌법 설계자들의 의도가 제도적으로 구현된 결과이기도 했다.

대통령·행정부에게 다른 권력을 견제하는 수단을 부여하다

입법부에 대한 견제 수단

법률안 거부권: 대통령은 의회가 통과시킨 법률안에 대해 거부권을 행사할 수 있다. 이 거부권은 두 가지 목적으로 설계되었다. 하나는 입법부의 권한 행사로부터 행정부의 독립성을 방어하기 위함이다. 다른 하나는 부당하거나 경솔한 입법을 제지하기 위함이다. 즉, 입법부가 파벌적 이해관계나 다수의 일시적 열정에 휩쓸려 공익에 반하거나 소수의 이익을 침해하는 법률을 제정하려 할 경우, 이를 제어하기 위한 견제 장치다. 다만, 의회가 상·하 양원에서 각각 재의결하는 경우, 대통령의

거부권은 무력화된다.

의회에 현황 보고 및 입법 조치 권고: 대통령은 수시로 의회에 연방의 상황에 관하여 보고하고, 필요하다고 판단되는 입법 조치를 권고할 의무를 진다. 연두교서State of the Union Address 는 이러한 권한과 의무가 제도화된 대표적 사례다. 이를 통해 대통령은 입법 과정에 직접 참여하지 않으면서도, 정책적 우선순위와 국가적 필요를 제시함으로써 입법 방향에 영향을 미칠 수 있다. 이 권한은 입법부가 입법 의제를 독점적으로 장악하는 것을 완화하는 간접적 견제 장치로도 기능한다.

의회 소집 및 휴회 조정 권한: 대통령은 비상 상황이 발생할 경우, 상·하 양원 또는 그중 한 원을 소집할 수 있다. 또한, 상·하원이 휴회 시점에 관해 합의하지 못할 경우, 대통령이 직접 그 시점을 정할 수 있다. 이 권한은 국가적 긴급 상황에서 의회의 입법 기능이 신속히 작동하도록 하거나, 의회가 교착 상태에 빠졌을 때 이를 조정·해소하기 위한 것이다.

사법부에 대한 견제 수단
법관 임명권: 대통령은 대법관을 포함한 법관을 임명할 권

한을 가진다. 이를 통해 사법부의 인적 구성을 형성하고, 장기적으로 사법의 방향과 헌법 해석에 영향을 미칠 수 있다. 다만, 헌법은 이러한 임명권 행사가 독단적으로 이루어지지 않도록, 모든 법관 임명에 대해 상원의 인준을 요구함으로써 대통령의 영향력을 제한하고 있다.

사면권: 대통령은 탄핵을 제외한 연방 범죄에 사면을 명할 수 있다. 또한, 필요할 경우 형의 집행을 일시적으로 유예할 수도 있다. 이 권한은 사법부의 유죄 판결과 형벌 집행이라는 결과에 대해 예외적으로 개입할 수 있는 수단으로, 사법권 행사에 대한 견제 장치로 기능한다. 다만, 사면권은 사법 판단의 위헌성이나 위법성을 심사하는 권한이 아니라, 공익과 국가적 필요를 고려해 형벌의 효력을 완화하거나 제거하는 정치적 판단의 성격을 가진다.

4. 헌법 설계자들의 사법부에 대한 구상

사법부, 독립성을 가진 헌법의 최종 해석자다

헌법에 의하면 "사법권은 하나의 대법원과 의회가 수시로 법률로 설치하는 하급 법원에 속한다"고 규정하고 있다(제3조 제1항). 그렇다면, 헌법 설계자들은 어떤 사법부를 구상하고 있었던 것일까? 이에 대한 내용은 해밀턴이 집필한 〈페더럴리스트〉 78번에 집약되어 있다.

사법부는 법 해석 기관이다

헌법 설계자들은 사법부의 본질을 헌법과 법률의 의미와 효력을 확정하여 이를 구체적인 사건에 적용하는 '해석 기관'으로 규정했다. 해밀턴은 사법부가 법의 진정한 의미를 확정하고 그에 생명력을 불어넣는 역할을 수행함을 강조했다.

이 과정에서 사법부는 '판단Judgment'하는 권한만을 행사한다. 헌법 설계자들은 사법부가 스스로 사회가 나아가야 할 방향이나 정책적 방향을 설정하고자 하는 '의지Will'를 가져서는 안 된다고 보았다. 사법부는 헌법과 법률만을 해석하는 수동적이고 중립적인 '판단의 영역'에 머물러야 한다고 주장했던 것이다.

또한, 헌법 설계자들은 단일한 최고 법원의 필요성을 강조했다. 이는 법의 통일성과 예측 가능성을 보장하기 위함이었다. 여러 하급 법원이 서로 다른 해석을 내놓을 경우, 사회적 정의의 기준이 흔들릴 수밖에 없다고 보았다. 이러한 인식에 따라 헌법은 "하나의 대법원"을 직접 창설하고, 이 법원이 사법 체계의 정점에서 최종적인 해석 기능을 수행하도록 했다.

사법부 독립성과 민주적 통제를 동시에 설계하다

앞서 본 헌법 제3조 제1항은 사법부의 독립성을 제도적으로 보장하는 동시에, 의회의 민주적 통제를 결합한 이중적인 헌법적 설계를 보여준다.

먼저 헌법은 대법원을 직접 규정함으로써 독립된 사법부의 제도적 토대를 마련했다. 헌법이 대법원의 존재를 명시한 것은, 대법원의 존립과 핵심적 사법 기능이 입법부의 재량에 의해 좌우될 수 없다는 것을 의미한다. 이는 헌법 설계자들이 구상한 '권력을 제한하는 헌법'을 실질적으로 보장하기 위해, 그 핵심 역할을 수행할 사법기관을 헌법 차원에서 직접 창설한 것이다.

반면, 헌법은 의회가 법률로 하급 법원을 설치하도록 했다. 즉, 의회는 법률을 통해 하급 법원의 설치 여부뿐 아니라, 그 폐지 그리고 관할권의 설정과 조정에 관한 권한을 가진다. 특히 관할권의 경우 헌법이 그 한계를 규정하고(아래 표), 의회는 법률로 그 범위 내에서 구체적으로 설정하도록 했다.

이는 사법권 행사의 한계와 구체적 작동 방식이 전적으로 사법부에 맡겨지는 것이 아니라, 민주적 정당성을 가진 입법부의 통제를 일정 부분 받도록 한 것이다. 이는 동시에 국가의 규모 확대와 사법 수요의 변화에 대응하여, 사법 체계를 탄력적으로 조정할 수 있도록 했다는 의미도 가진다.

대법원의 관할권 구조 역시 이러한 이중적 설계를 잘 보여준다. 헌법은 대법원의 관할권을 원심 관할권과 상고 관할권으로 구분하여 규정하고, 그 성격을 달리 설정했다(제3조 제2항). 원심 관할권은 하급 법원을 거치지 않고 특정 사건을 대법원이 처음부터 심리할 수 있는 권한이다. 헌법은 그 범위를 대사·공사·영사 등 외교 대표자가 관련된 사건과 주가 당사자인 사건으로 한정하고 있다.

반면, 원심 관할권에 속하지 않는 대부분의 사건은 대법원의 상고 관할권 대상이 된다. 다만, 헌법은 상고 관할권에 대해 "의회가 정한 예외와 규정에 따른다"고 명시함으로써, 그 범위를 입법부의 입법을 통해 조정할 수 있도록 했다.

이와 같이 헌법은 대법원의 원심 관할권을 직접 규정함으로써, 사법부가 입법부의 재량에 좌우되지 않고 헌법이 부여한 고유한 사법 기능을 수행할 수 있는 최소한의 독립 영역을 보장했다. 반면, 상고 관할권에 대해서는 입법부가 법률로 그 범위를 조정할 수 있도록 함으로써, 사법권이 민주적 정당성을 가진 의회의 통제 아래에서 행사되도록 했다.

요약하면, 사법부는 존재의 근거와 대법원의 권위를 헌법에 두되, 그 하부 구조와 구체적 작동 방식은 의회의 입법을 통해 형성되는 구조를 갖게 된 것이다. 이는 사법부를 독립된 헌법기관으로 확고히 하면서도, 사법제도의 구체적 실현이 국민의 대표기관을 통해 이루어지도록 한 것이라고 평가할 수 있다.

헌법 제3조에 따른 사법부의 관할권

구분	내용
사건의 성격에 따른 관할권	헌법·연방법률·조약에 의해 발생하는 사건
	대사·공사·영사 등 외교 대표자에게 영향을 미치는 사건
	해사 및 해양에 관한 사건
당사자의 성격에 따른 관할권	미합중국이 당사자인 분쟁
	주 상호 간 분쟁
	주와 다른 주 시민 간 분쟁(단, 다른 주의 시민이 주를 피고로 하여 제기한 소송은 수정헌법 제11조에 따라 제외됨)
	서로 다른 주의 시민 간 분쟁
	같은 주의 시민이 서로 다른 주의 토지 허가에 근거해 다투는 분쟁
	주 또는 그 시민과 외국, 외국의 시민 또는 신민 간의 분쟁 (단, 외국의 시민 또는 시민이 주를 피고로 하여 제기한 소송은 수정헌법 제11조에 따라 제외됨)

독립된 사법부는 '권력을 제한하는 헌법'에 필수적 요소다

특히 헌법 설계자들은 독립된 사법부를, 권력을 제한하는 헌법을 구현하기 위한 필수적인 장치로 생각했다. 여기서 '권력 제한적 헌법'이란, 정부 권력이 결코 넘어서는 안 될 명확한 한계를 설정하고 이를 준수하도록 강제하는 규범을 의미한다.

헌법 설계자들은 이 개념을 설명하면서 입법부 권력에 대한 제한을 강조했다. 입법부는 법률이라는 일반적이고 구속력 있는 규범을 제정할 권한을 가지기 때문이었다. 즉, 그들은 입법권이 헌법에 의해 정해진 경계를 가장 직접적이고 광범위하게 침해할 수 있는 권력으로 인식했다. 법률은 다수의 의지를 제도화하는 정당한 수단이다. 하지만, 바로 그 의지가 헌법의 한계를 벗어날 경우, 가장 심각한 권력 남용으로 이어질 수 있다고 본 것이다.

헌법 설계자들은 헌법이 단순한 선언적 문서로 전락하지 않으려면, 독립된 사법부가 반드시 존재해야 한다고 강조했다. 사법부가 입법부로부터 독립하여 오직 헌법만을 기준으로 삼을 때에만, 헌법에 위배되는 법률을 무효화할 수 있다고 본 것이다. 만약 법원이 독립성을 잃는다면, 입법부는 스스로를 통제할 수 없는 절대권력이 되고, 그 결과 국민의 기본권도 침해될 것으로 판단했다.

이러한 사법부의 독립적 역할은 행정부 권력을 제한하는 데에도 동일하게 적용된다. 다만, 행정부 권력은 주로 법률을 집행하는 구체적 행위의 형태로 나타나므로, 규범을 만드는 입법부와 침해의 양상이 다를 뿐이다.

다시 말해, 헌법 설계자들은 사법부가 독립적인 지위에서 모든 권력의 행위를 감시하고 헌법적 한계를 확정할 때, 비로소 권력 제한석 헌법은 현실에서 살아 움직이는 실질적 규범이 된다고 보았다.

그러나 사법부는 '약한 권력'이다

이와 같이 헌법 설계자들은 사법부를 헌법의 수호자이자 다른 권력을 헌법의 한계 안에 묶어 두는 견제 기관으로 구상했다. 그러나 동시에 사법부를 본질적으로 '가장 약한 권력'으로 인식했다. 이는 사법부가 군사력이나 집행력을 보유하는 행정부나, 재정을 장악하고 규범을 만드는 입법부와 달리, 오직 판단만을 행사한다고 보았기 때문이다. 이에 따라 사법부는 스스로 다른 권력을 침해할 의지나 능력을 갖지 못하며, 국민의 자유를 즉각적으로 위협할 수 있는 수단도 갖지 못한 권력으로 인식되었다.

그러나 헌법 설계자들은 사법부가 가진 이 '약함'이 곧 위험이 될 수 있음을 경고했다. 사법부가 독립성을 상실하고 입법부나 행정부의 의지에 종속될 경우, 헌법이 설정한 권력의 경계는 무너지고 사법부는 오히려 자유를 파괴하는 도구로 전락할 수 있기 때문이다. 따라서 그들은 사법부의 독립성을 권력 제한적 헌법이 실질적으로 작동하기 위한 필수 조건으로 보았다. 사법부가 다른 권력의 압력으로부터 완전히 분리되지 않는다면, 헌법의 권력 제한 규정들은 실권 없는 '종이 위의 장벽'에 그치게 될 것으로 판단했다.

사법부의 독립성을 보장하기 위한 장치들

이러한 문제의식을 바탕으로 헌법 설계자들은 사법부의 독립성을 방어하기 위한 두 가지 핵심 장치를 마련했다.

첫째, 연방 법관은 '품행이 바른 한' 종신 임기를 보장받도록 했다. 이는 법관이 정권 교체나 정치적 이해관계에 흔들림 없이 오직 헌법과 법률에만 충실할 수 있도록 독립성을 보장한 장치였다. 그리고 법관을 임명직으로 구성함으로써 법적 전문성과 판단의 일관성을 확보하고자 했다. 헌법과 법률 해석자로서 법관은 고도의 법적 지식과 경험, 그리고 복잡한 헌법 문제를 일관되게 해석할 수 있는 전문성을 가져야 하기 때문이다. 임명제는 이러한 자질을 기준으로 법관을 선발할 수 있게 하여, 사법부의 전문성과 판결의 일관성을 제도적으로 담보하는 수단이었다.

둘째, 법관의 재직 중 보수 감액 금지를 규정했다. 이는 입법부가 재정적 수단을 동원해 사법부의 판단에 영향력을 행사하는 것을 차단하기 위한 것이다.

결론적으로 사법부 독립성은 법관 개인의 특권이 아닌, 헌법 질서 자체를 보호하기 위한 것이라고 할 수 있다. 독립된 사법부만이 국민의 근본적 의지인 헌법을 기준으로 입법부와 행정부의 행위를 공정하게 심판할 수 있기 때문이다.

사법부에게 다른 권력을 견제하는 수단을 부여하다: 사법심사

사법심사는 헌법 제정 당시 조문으로 명시되지는 않았으나, 헌법 제정 이후 판례를 통해 확립된 사법부의 핵심 권한이다. 사법심사란 법원이 입법부가 제정한 법률이나 행정부의 행위가 헌법에 합치되는지를 심사하고, 헌법에 위반된다고 판단되는 경우 그 법적 효력을 부인하는 권한을 말한다.

이 권한은 헌법 설계자들이 공유하고 있던 기본 인식, 즉 헌법에 위배되는 법률은 효력을 가질 수 없다는 원칙, 이른바 위헌 법률 무효 원칙과 그 이론적 궤를 같이한다. 그리고 헌법 설계자들은 그 필요성을 분명히 인식하고 있었다. 특히 해밀턴은 〈페더럴리스트〉 78번에서, 헌법의 명백한 취지에 반하는 입법 행위를 무효로 선언하는 것이 법원의 본질적 의무라고 강조했다. 이는 사법부가 입법부보다 높아서가 아니라, 헌법이 법률보다 우위에 있다고 생각했기 때문이다.

그들에게 헌법은 주권자인 국민이 직접 승인한 법이자, 국민의 의지가 담긴 최고 규범이었다. 반면, 입법부가 제정하는 법률은 국민으로부터 권한을 위임받은 대리인의 행위에 불과했다. 따라서 대리인의 행위는 국민의 의사를 담은 헌법의 한계를 벗어날 수 없다. 만약 대리인이 위임 범위를 넘어선 법을 만든다면 그 법은 당연히 무효가 된다는 것이 헌법 설계자들의 주요 논지였다. 이는 헌법이 모든 정부 권력 위에 존재하는 최고 규범이기 때문에 법원이 헌법을 우선시해야 한다는 논리였다.

이러한 사법심사 권한은 결국 판례를 통해 사법부 스스로 확립했다. 그 결정적 계기가 된 것이 1803년 마버리 대 매디슨(Marbury v. Madison) 사건이다. 이 판결에서 존 마셜(John Marshall) 대법원장은 "헌법에 위배되는 법률은 무효"라는 원칙을 명확히 선언하며, 법원은 헌법과 충돌하는 법률을 적용할 수 없다고 판시했다. 이는 헌법과 법률이 충돌하는 경우 법원이 헌법을 우선해야 한다는 원리를 사법적으로 확정한 것이었다.

이 판결은 미국 헌정사에서 대법원이 의회가 제정한 법률을 위헌으로 판단한 최초의 사례로 평가된다. 이를 통해 대법원은 헌법 해석의 최종적 권위자로 자리매김했으며, 입법부와 행정부의 권력 행사가 헌법의 한계를 넘어서는지를 통제할 수 있는 수단을 확보하게 되었다.

이후 사법심사는 헌법의 권력분립 구조 속에서 견제와 균형을 실질적으로 작동시키는 사법부의 핵심 장치로 기능해 왔다. 즉, 사법심사는 헌법이 최고 규범의 지위를 갖는다는 점을 근거로 사법부가 다른 두 권력을 헌법의 테두리 안에 묶어두는 역할을 가능하게 한 제도였다.

ARCHITECT OF THE
CONSTITUTION

02

대법원 판례로 본
대통령 권력

1. 대통령은 법 위에 있는가?

대통령은 행정 수반이자 국가 수반으로서 광범위한 권한을 가진다. 헌법 제2조는 대통령에게 행정권, 군 통수권, 그리고 외교권을 부여하고 있다. 그러나 이러한 권한이 헌법에 열거된 범위에 엄격히 한정되는지, 아니면 열거된 권한을 기초로 일정한 범위에서 확장될 수 있는지는 헌법 문언만으로는 명확히 드러나지 않는다.

이러한 모호성으로 인해 미국 헌정사에서 대통령들은 자신의 권한을 축소하기보다는 확대하는 방향으로 행사해 온 경향을 보여 왔다. 그 대표적인 영역이 바로 국가안보 권한이다.

헌법은 국가안보 권한을 별도의 조항으로 명시하고 있지

않다. 그럼에도 불구하고, 헌법이 대통령에게 부여한 행정권·군 통수권·외교권은 외부의 위협에 대응하는 과정에서 상호 결합되어 국가안보 권한으로 기능해 왔다. 외부의 위협으로부터 국가를 보호하고 방위하는 기능은 주권 국가의 존립과 직결되는 문제이며, 그 일차적 책임이 대통령에게 귀속된다고 이해되어 왔기 때문이다.

남북전쟁과 두 번의 세계대전을 겪으면서, 국가안보 영역은 전통적으로 대통령에게 비교적 넓은 재량이 인정되는 분야로 자리 잡아 왔다. 특히 현대 국가에서 국가안보는 더 이상 군사 영역에만 한정되지 않는다. 경제 제재, 금융 거래 통제, 수입·수출 제한, 외국인 입국 규제와 같은 조치들 역시 국가안보 정책의 핵심 수단으로 기능하고 있다.

그러나 대통령의 국가안보 관련 판단이 정치적·전문적 재량을 포함하더라도, 그 정당성은 어디까지나 법률이 허용한 범위 안에서 행사될 때에만 인정된다. 국가안보라는 명분은 권한 행사의 출발점이 될 수는 있지만, 그 자체가 헌법이나 법률이 설정한 한계를 대체할 수는 없다.

그럼에도 현실의 미국 헌정사는 대통령 권한의 범위와 한계를 둘러싼 다양한 해석과 정부 권력 간 대립의 역사였다. 이러한 대통령 권한을 둘러싼 논란은 국가안보 영역뿐만 아니라 행정 및 사법 등과 같은 여러 영역에서도 지속적으로 나타났다. 따라서 대통령이 발하는 명령과 판단이 어느 경우에는 고유한 권한으로 존중되고, 어느 경우에는 법원과 의회의 통제를 받아야 하는지에 대한 질문은, 대통령 권력과 관련해 매우 중요한 헌법적 쟁점이라 할 수 있다.

여기에 포함된 판례들은 바로 이러한 대통령 권력의 경계선이 어디에 그어지는지를 서로 다른 역사적, 사회적 맥락에서 보여준다. 나아가 이 판례들은 대통령 권력에 관한 근본적인 질문, 즉 "대통령은 법 위에 있는가"라는 물음에 대해 헌법적 답변을 제시하고 있다.

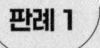

대통령은 전시에 사유재산을 점유할 수 있나?

영스타운 철강회사 대 소여 : Youngstown Sheet & Tube Co. v. Sawyer(1952)

앞서 설명한 것처럼, 미국 헌법은 국가안보 영역에서 행정 수반이자 군 통수권자인 대통령에게 일차적 책임을 부여했다. 이를 근거로 대통령들은, 전쟁이나 국가적 위기 상황이 발생할 때마다 비상 상황을 명분으로 광범위한 조치를 취해 왔다. 그때마다 주장은 일관되었다. 국가 존립을 위협하는 상황에서는 대통령에게 보다 넓은 통치 권한이 허용되어야 한다는 것이었다.

문제는 그러한 대통령의 통치에 관한 재량권이 어디까지 허용되는가이다. 과연 비상 상황이라는 명분만으로 대통령은, 의회의 승인 없이 독자적인 조치를 취할 수 있는가? 의회가 제정한 법률을 무시할 수 있는가? 권력분립이라는 헌법 원칙을 잠시 멈춰 세워도 되는가? 모두 비상 상황에서 대통령의 국가안보 권한은 어디까지 확장될 수 있는가 하는 질문들이다.

1952년 한국전쟁이 한창이던 시기에 발생한 영스타운 철강 회사 대 소여는 바로 이러한 질문들에 답을 제시한 판결이다. 이 사건은 비상 상황이라는 명분 아래 대통령이 독자적으로 행사할 수 있는 권한의 경계를 명확히 하는 계기가 되었다. 이 판결은 오늘날까지도 대통령 권한의 정당성을 평가하는 중요한 기준이 되고 있다.

◆ 사건의 배경 : 한국전쟁과 철강 생산의 위기

한국전쟁이 한창이던 1952년, 미국은 한국을 지원하기 위해 전쟁 물자를 만들고 있었다. 이때 철강회사들은 핵심적인 역할을 했다. 그런데 철강 노조가 임금 인상을 요구하며 전국적 파업을 예고했다. 파업이 일어날 경우, 미국 전시체제의 핵심 생산라인이 전면 중단될 수 있었다.

파업 개시 몇 시간 전, 트루먼(Harry S. Truman) 대통령은 상무부 장관 소여(Charles Sawyer)에게 미국 내 모든 철강공장과 시설을 연방정부 명의로 압수·운영하라는 행정명령을 내렸다.

그는 이 명령의 근거로 헌법이 대통령에게 부여한 행정권 및 군 통수권을 들었다.

한편, 의회는 1947년 일명 태프트-하틀리법(Taft-Hartly Act)이라는 노사관계법을 제정해, 대통령에게 80일간 파업을 중단시킬 수 있는 권한을 부여했다. 하지만 트루먼 대통령은 이 법이 아닌, 헌법이 부여한 대통령의 고유 권한에 근거하여 행정명령을 내린 것이었다.

이에 철강회사들, 특히 영스타운 철강회사는 크게 반발하며 소여를 대상으로 해당 명령 집행 중지를 요구하는 소송을 제기했다. 트루먼 대통령의 행정명령이 대통령의 권한을 넘어섰고, 의회의 법률 없이 사유재산을 압수·운영하는 것은 위헌이라고 주장했다.

◆ 핵심 질문 : 대통령은 전시에 행정명령만으로 민간 산업시설을 압수·운영할 수 있나?

당사자들은 이렇게 주장했다.

영스타운 철강회사		소여

영스타운 철강회사

"대통령의 민간 산업시설 압수· 운영 명령은 의회의 승인이나 헌법적 근거가 없어. 그건 입법 행위야."

"헌법은 입법권을 의회에만 부여했어."

"대통령의 압수·운영 명령은 입법권 침해야."

소여

"전쟁 수행에 필수적인 철강산업의 파업을 막는 조치는 국가 안보 목적이야."

"헌법이 대통령에게 행정권과 군 통수권을 부여한 이상 의회 승인 없이 전쟁 수행에 필요한 긴급조치를 취할 수 있어."

"새로운 법을 제정하는 것이 아니라, 기존 전쟁 관련 법률과 정책 목적을 실현하기 위한 집행 조치야."

◆ 대법원은 이렇게 판결했다 ◆

대통령은 헌법이나 의회의 명시적·묵시적 법률 근거 없이 사유 재산을 압수·운영할 권한이 없다.

대법원은 다수의견으로 트루먼 대통령의 행정명령이 위헌

이라고 판결했다. 판결문의 주요 내용은 다음과 같다.

▶ 대통령의 행정명령은 헌법 또는 의회가 제정한 법률에 근거하지 않는 한 정당화 될 수 없다.

▶ 헌법 제2조 어디에도 대통령에게 민간 산업시설을 압수·운영할 권한이 부여되어 있지 않다. 또한, 대통령에게 부여된 제2조의 권한을 종합하더라도 그러한 권한이 묵시적으로 도출될 수 없다.

▶ 의회가 제정한 어떠한 법률도 대통령에게 민간 산업시설을 압수·운영할 권한을 명시적으로 또는 묵시적으로 부여하지 않았다. 특히 1947년 태프트-하틀리법 제정 과정에서 의회는 노동쟁의의 해결이나 파업 방지를 위한 수단으로 정부의 산업시설을 점유할 수 있는 권한을 명시적으로 배제했다.

▶ 따라서 헌법과 법률의 근거 없이 대통령이 독자적으로 행사한 이 조치는 본질적으로 입법권의 행사에 해당한다. 이는 헌법이 입법권을 오직 의회에만 부여한 권력분립 원

리를 침해한 것이다.

◆ **판결의 의미** : 전시라 하더라도 대통령 권한 행사는 헌법적 한계를 벗어날 수 없음을 분명히 확인했다.

대법원은 대통령의 권한이 헌법에 명시적으로 부여되거나 의회가 법률을 통해 위임한 권한에서만 도출될 수 있다는 원칙을 재확인했다. 따라서 전쟁이나 국가안보를 명분으로 하더라도, 대통령이 의회의 승인 없이 독자적으로 정책을 결정하고 집행하는 행위는 입법권을 침해하는 것이며, 삼권분립 원리에 위배된다는 점을 명확히 했다.

이 판결은 전시라는 상황이 대통령에게 새로운 권한을 부여하는 근거가 되지 않으며, 전시의 대통령 권한 역시 헌법 질서 안에서 행사되어야 한다는 점을 명확히 한 판결로 평가된다.

로버트 잭슨 대법관이 제시한 대통령 권한의 한계를 보는 법

영스타운 철강회사 대 소여(1952) 판결에서 로버트 잭슨(Robert H. Jackson) 대법관이 작성한 동의의견은 다수의견에 못지않게 큰 영향력을 지닌다. 동의의견concurring opinion이란, 재판의 최종 결론에는 찬성하지만 그 이유나 헌법적 논증을 달리하여 별도로 제시하는 의견을 말한다.

잭슨 대법관은 이 동의의견에서 대통령 권한의 범위와 한계를 체계적으로 분석할 수 있는 기준을 제시했다. 그는 대통령 권한을 고정된 개념으로 보지 않고, 의회 권한과의 관계 속에서 상대적으로 변동하는 개념으로 파악했다. 그리고 대통령의 행위가 의회의 의사와 어떤 관계에 있는지에 따라 대통령 권한을 세 가지 범주로 구분했다.

첫째, 대통령 권한이 가장 강력한 경우다. 이는 대통령이 의회의 명시적 또는 묵시적 승인에 따라 행동하는 상황이다. 이 경우 대통령은 헌법에 의해 부여된 고유 권한에 더해, 의회가 위임하는 모든 권한까지 함께 행사하게 된다. 따라서 이 상황에서 대통령의 권한은 사실상 연방정부 전체의 권한이 결합된 상태에 이르며, 이러한 대통령의 조치는 헌법에 위배되지 않는 것으로 추정된다.

둘째, 대통령 권한이 중간 지대에 놓이는 경우다. 이는 의회가 해당 사안에 대해 명시적으로 승인하지도, 명시적으로 반대하지도 않은 상태에서 대통령이 행동하는 상황이다. 이때 대통령과 의회가 동시에 일정한 권한을 가질 수 있으며, 권한의 귀속이 불분명한 회색 지대가 형성된다. 의회의 장기간의 침묵이나 관행적 묵인은 대통령의 독자적 권한 행사를 사실상 가능하게 하거나 용인하는 요인으로 작용할 수 있다.

셋째, 대통령 권한이 가장 약한 경우다. 이는 대통령이 의회의 명시적 또는 묵시적 의사에 반하는 조치를 취하는 상황이다. 이 경우 대통령은 오직 자신의 헌법상 고유 권한에만 의존할 수 있으며, 그마저도 해당 사안에 대해 의회가 가지는 헌법상 권한을 제외한 범위로 제한된다. 법원이 이러한 상황에서 대통령의 단독 권한을 인정하려면, 사실상 의회가 그 사안에 대해 입법할 권한 자체가 없다는 결론에 이르러야 한다. 이러한 대통령의 권한 주장은 삼권분립의 균형을 흔들 수 있기 때문에 특히 엄격한 사법심사의 대상이 된다.

잭슨 대법관은 트루먼 대통령의 철강공장 압수·운영 명령을 이 세 번째 범주, 즉 대통령 권한이 가장 약한 경우에 해당한다고 판단했다. 의회는 이미 노동쟁의와 파업 사태에 대응하기 위한 절차로 태프트-하틀리법을 제정했고, 그 과정에서 정부의 산업시설 압수 권한을 명시적으로 부여하지 않기로 했다. 그럼에도 대통령은 이 의회가 제정한 법률을 우회한 채 독자적인 조치를 취했기 때문에, 의회의 의사와 정면으로 충돌하는 권한 행사가 되었다는 것이다.

잭슨 대법관의 이러한 관점은 대통령의 고유 권한과 의회의 입법 권한 사이의 경계를 설명하는 가장 영향력 있는 기준으로 자리 잡았다. 이후 전쟁 권한, 국가안보 조치, 행정명령, 비상조치 등 대통령 권한이 문제가 되었던 수많은 판례에서 반복적으로 인용되며, 오늘날까지도 미국 헌법상 권력분립 해석의 출발점으로 기능하고 있다.

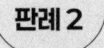

대통령의 행정특권은 법원의 명령보다 위에 있나?

미국 정부 대 닉슨 : United States v. Nixon(1974)

행정특권Executive Privilege은 미국 대통령이 국가안보, 외교, 군사 등 민감한 사안에 관한 문서·대화·정보를 의회나 법원에 공개하지 않고 기밀로 유지할 수 있는 권한을 말한다. 이에 대한 주장은 대통령과 보좌관들이 판단과 결정을 내릴 때, 사후 공개에 대한 우려 없이 솔직하고 자유로운 논의를 할 수 있어야 한다는 점에 근거한다.

그러나 대통령의 행정특권은 헌법에 명시적으로 규정되어 있지는 않다. 그럼에도 건국 초기부터 관행적으로 인정되어 왔다. 따라서 이 특권의 헌법적 근거와 구체적 한계는 명확히 정립되지 않은 채, 오랫동안 대통령의 판단에 맡겨진 영역으로 남아 있었다.

이러한 배경 속에서, 미국 정부 대 닉슨(1974)은 행정특권의 존재와 한계를 분명히 한 역사적 판례다.

◆ 사건의 배경 : 워터게이트 사건과 대통령의 비밀 녹음 테이프

1972년, 미국 정치사에 길이 남을 워터게이트 사건이 일어났다. 워싱턴 D.C. 소재 워터게이트 호텔에 있는 민주당 전국위원회 본부에 정체불명의 인물들이 침입해 도청 장치를 설치하다 체포된 것이다. 이 사건은 처음에는 단순한 절도 사건처럼 보였다. 그러나 수사와 언론의 보도가 진행되면서, 그 사건이 닉슨(Richard Nixon) 대통령의 선거 캠프와 연관되어 있다는 정황이 점차 밝혀지기 시작했다.

사건의 파장은 점점 확대되었고, 행정부에 대한 여론도 급속히 나빠졌다. 이에 따라 특별검사가 독립적인 수사를 진행하게 되었다. 수사 과정에서 닉슨 대통령 측이 백악관 집무실 등에서 이루어진 주요 대화를 녹음하고 있었다는 사실이 알려졌다. 이 녹음 테이프들은 워터게이트 사건의 진실을 규명하는 데 핵심적인 증거로 떠올랐다. 특히 대통령이 보좌관들과 어떤 논의를 했는지는 범죄 은폐 여부를 판단하는 데 결정적인 단서가 될 것으로 보였다.

이에 특별검사는 법원이 발부한 소환장subpoena에 근거해 대통령에게 녹음 테이프 제출을 요구했다. 그러나 닉슨 대통령은 행정특권을 근거로 이를 거부했다. 그는 대통령과 보좌관들 사이의 솔직하고 자유로운 협의가 보장되어야 하며, 이를 위해서는 대화의 비밀성이 유지되어야 한다고 주장했다.

반면, 특별검사는 범죄 수사를 위한 구체적인 증거의 필요성을 강조했다. 녹음 테이프는 단순한 정책 논의가 아니라, 범죄 은폐 여부를 가리는 핵심적인 증거이므로, 대통령이라 하더라도 법원의 적법한 명령에는 응해야 한다고 맞섰다.

이처럼 대통령의 행정특권과 사법 절차의 요구가 정면으로 충돌하면서, 이 문제는 결국 대법원의 판단을 받게 되었다.

◆ 핵심 질문 : 대통령은 행정특권을 근거로 법원의 명령을 거부할 수 있는가?

당사자들은 이렇게 주장했다.

미국 정부	VS	닉슨

미국 정부

"대통령도 형사 사법 절차에서는 법 아래에 있어."

"행정특권은 헌법상 묵시적으로 인정될 수 있지만, 절대적인 권한은 아니야."

"사법부는 대통령의 행정특권 주장에 대해 심사할 수 있어."

닉슨

"행정특권은 대통령 직무 수행에서 파생되는 고유한 권한이야."

"대통령과 보좌관들 사이의 대화가 공개되면 대통령의 국정 운영 능력이 훼손돼."

"대통령의 기밀한 의사결정 과정에 대해 사법부가 강제적으로 개입하는 건 삼권분립 위반이야."

◆ 대법원은 이렇게 판결했다 ◆

대통령의 행정특권은 헌법에 근거한 권한이지만,
절대적이지 않으며 제한될 수 있다.

대법원은 만장일치의 의견으로 닉슨 대통령에게 녹음 테이프 제출을 명령하는 판결을 내렸다. 판결문의 주요 내용은 다음과 같다.

▶ 대통령의 행정특권은 헌법 제2조에 명시된 행정권의 성격에서 자연스럽게 파생되는 묵시적 권한이다. 이는 행정부가 헌법이 정한 고유 기능을 수행하기 위해 필요한 기밀 유지 권한이다.

▶ 그러나 대통령의 행정특권은 절대적이거나 무한하지 않다. 군사 또는 외교 기밀이 아닌 이상, 대통령의 일반적인 비밀 유지 필요성보다 범죄 수사를 위한 증거 제출의 필요성이 더 중요하다.

▶ 행정특권이 헌법상 행정권에서 파생된 권한이라 하더라도, 그 권한의 범위와 정당성은 사법부가 해석하고 결정할 수 있다.

결국 닉슨 대통령은 법원 명령에 따라 녹음 테이프를 제출했다. 제출된 녹음 테이프에는 워터게이트 사건과 관련한 은폐 공모를 시사하는 내용이 포함되어 있었고, 이로써 대통령에 대한 형사 처벌의 가능성이 높아졌다.

대법원 판결 당시 하원 법사위원회는 워터게이트 사건에 따른 닉슨 대통령에 대한 탄핵 소추 절차를 진행하고 있었다. 대법원 판결 후 하원은 본회의에서 탄핵안을 표결하기로 했고, 이에 닉슨은 대통령직을 사임했다. 그는 미국 역사상 최초로 임기 중 사임한 대통령이 되었다.

◆ **판결의 의미** : 대통령의 행정특권도 헌법과 법률의 통제를 받는다는 점을 명확히 했다.

대법원은 이 사건에서 행정특권이 헌법에 규정되어 있지는 않지만, 헌법과 대통령 직무 수행상 필요성에서 묵시적으로 도출되는 헌법상 권한임을 처음으로 공식 확인했다. 그러나 동시에 대법원은 행정특권이 절대적이거나 무제한의 권한이 아님도 분명히 했다. 특히 군사·외교·국가안보 기밀과 같은 특수한 경우가 아닌 한, 대통령의 일반적인 비밀 유지 필요성은 형사 사법 절차의 공정한 진행이라는 헌법적 가치 앞에서 제한될 수 있음을 보여주었다.

결국 이 사건은 대통령이라도 헌법과 법률의 통제 아래 놓인다는 법의 지배 원칙을 명확히 적용한 판례로 평가된다.

대통령은 전시에 독자적으로 군사재판소를 설치할 수 있나?

함단 대 럼즈펠드 : Hamdan v. Rumsfeld(2006)

대법원은 역사적으로 대통령이 군 통수권을 행사함에 있어 상당한 재량이 필요하다는 점을 인정해 왔다. 그러나 그 재량이 헌법적 한계를 넘어서는 무제한의 권한이라고 본 적은 없다.

이러한 한계를 최초로 명확히 선언한 판례가 1866년의 밀리건(Milligan) 사건이다. 이 사건에서 대법원은 남북전쟁이라는 전시 상황에서도, 민간 법원이 정상적으로 기능하고 있는 지역에서는 대통령이 민간인을 군사재판에 회부할 수 없다고 판결했다. 대법원은 전시라는 이유만으로 헌법상 사법 절차와 시민의 권리가 정지될 수는 없으며, 대통령의 군 통수권 역시 법의 지배를 받아야 한다는 점을 분명히 했다. 이 판결은 전시라도 헌법의 효력은 정지되지 않는다는 사실을 확립한 출발점으로 평가된다.

이로부터 한 세기가 지난 2001년 9·11 테러 이후 미국은 '테러와의 전쟁'이라는 새로운 형태의 위기 상황에 직면했다. 이는 전통적인 국가 간 전쟁은 아니었다. 하지만, 정부가 실질적 전시 상태로 인식하고 광범위한 군사·안보 권한을 행사한 상황이었다. 이러한 맥락에서, 함단 대 럼즈펠드(2006)는 대통령의 군 통수권 행사와 법의 지배 원칙이 다시 충돌한 대표적인 사례였다.

◆ 사건의 배경 : 9.11 테러, 관타나모, 그리고 군사위원회

2001년 9월 11일, 미국을 뒤흔든 끔찍한 테러 공격이 있었고, 이에 부시(George W. Bush) 대통령은 '테러와의 전쟁'을 선포했다. 의회는 같은 해, 군사력 사용 승인(Authorization for Use of Military Force, AUMF)을 결의함으로써, 대통령이 테러 예방을 위해 필요하고 적절한 모든 군사력을 사용할 수 있도록 했다. 이에 미국 정부는 알카에다 등 테러 조직과 관련된 용의자들을 전 세계에서 체포해 쿠바에 위치한 미군 기지인 관타나모 수용소에 억류하기 시작했다.

부시 행정부는 이들 억류자를 연방 민간 법원이나 기존의 군사법원에 회부하지 않고, 대통령의 군사명령에 근거한 별도의 군사위원회를 설치하여 재판을 진행하고자 했다. 이 조치는 대통령의 군 통수권과 전시 권한에 기초한 것이었다.

이 군사위원회의 재판 절차는 의회가 제정한 통일군사법전(Uniform Code of Military Justice, UCMJ)에 따른 절차와 크게 달랐다. 군사위원회는 기밀이라는 이유로 피고인이 볼 수 없도록 한 비밀 증거, 법정 밖의 진술을 의미하는 전문 증거Hearsay, 강압에 의해 획득된 진술 등 UCMJ에서 허용되지 않는 증거까지 폭넓게 인정했다. 이러한 절차는 공정한 재판을 받을 권리를 심각하게 침해할 수 있다는 비판을 받았다.

한편, 오사마 빈 라덴의 운전병으로 알려진 예멘 국적의 함단(Salim Hamdan)은 아프가니스탄에서 체포되어 관타나모 수용소에 억류되었다. 미국 정부는 그를 테러 공모 혐의로 기소하면서, 기존의 정식 법원이 아닌 이 군사위원회의 재판에 회부했다.

이에 대해 함단은 대통령의 일방적 군사명령에 의해 설치된 이 군사위원회가 연방법과 국제법에 부합하는 정당한 재판기구인지에 대해 사법적 판단을 구하는 소송을 제기했다. 그는 대통령의 군사명령으로 설치된 군사위원회가 의회가 제정한 UCMJ에 위배되며, 전쟁포로 및 무력 분쟁 관련자에게 공정한 재판 보장을 요구하는 제네바 협약에도 위반된다고 주장했다. 상대는 당시 국방부 장관이었던 럼즈펠드(Donald H. Rumsfeld)였다.

◆ 핵심 질문 : 의회의 승인 없이, 대통령은 명령만으로 군사재판 기구를 설치할 수 있는가?

당사자들은 이렇게 주장했다.

함단 **VS**	럼즈펠드
"대통령이 만든 군사위원회는 의회가 제정한 UCMJ와 제네바 협약 위반이야."	"대통령은 군 통수권자로서 군사위원회를 설치할 권한이 있어."
"전시라도 공정한 재판 절차를 보장해야 해."	"의회는 AUMF를 통해 테러와의 전쟁에서 필요하고 적절한 군사력 사용을 승인했어. 군사위원회를 통한 재판도 그 범위에 포함돼."
"전시라도 대통령의 군사명령이 헌법과 법률에 부합하는지 사법부가 심사할 수 있어."	"전시 군사 판단은 대통령의 고유 영역이므로, 사법부가 개입할 수 없어."

◆ 대법원은 이렇게 판결했다 ◆

대통령의 군 통수권에 근거한 군사명령은 전시에도 의회가 제정한 법률과 국제법의 한계를 벗어날 수 없다.

대법원은 다수의견으로 부시 행정부가 대통령 군사명령으

로 설치한 군사위원회가 위법이라고 판결했다. 판결문의 주요 내용은 다음과 같다.

▶ 대통령이 군사위원회를 설치하려면 의회의 명시적 또는 명확한 법적 근거가 필요하다. AUMF는 단지 필요하고 적절한 군사력 사용을 승인했을 뿐, 의회가 제정한 UCMJ에서 규정한 절차와 다른 군사위원회를 설치할 권한까지 부여한 것은 아니다.

▶ 대통령이 설치한 군사위원회는 의회가 제정한 UCMJ의 절차적 요구를 충족하지 못했다. 또한 이 군사위원회는 정식으로 구성된 법원과 공정한 재판 절차 제공을 요구하는 제네바 협약을 위반했다.

▶ 군 통수권에 근거하더라도, 전쟁 중 대통령의 권한은 무한하지 않다. 의회의 명시적 승인이나 명확한 법적 권한이 없는 한, 대통령은 기존의 법률(UCMJ)과 미국이 비준한 국제법(제네바 협약)에 위배되는 독자적인 재판 기구를 설치할 권한이 없다.

▶ 사법부는 함단의 주장을 심리할 관할권이 있다. 전시라는 이유만으로 대통령의 군사적 판단이 사법심사에서 면제되지 않는다. 권력분립과 법의 지배를 유지하기 위해, 대통령의 군사명령이 헌법과 법률에 부합하는지는 사법부가 판단할 수 있다.

◆ **판결의 의미** : 전시 상황에서도 대통령의 권한은 무제한이지 않으며, 헌법과 법률의 통제 아래 놓인다는 점을 재확인했다.

대법원은 '테러와의 전쟁'이라는 엄중한 상황 속에서도 대통령이 헌법과 법률의 테두리 안에서 권한을 행사해야 함을 분명히 했다. 아무리 대통령의 권한이 강력할지라도 법의 지배와 권력분립의 원칙을 넘어서는 것은 허용되지 않음을 보여준 것이다.

외국을 국가로 승인할 권한은 누구에게 있는가? 대통령인가, 의회인가?

지보토프스키 대 케리 : Zivotofsky v. Kerry(2015)

대통령은 국가 수반으로서 대외적으로 국가를 대표한다. 헌법 설계자들은 대통령에게 외교 수행의 '활력'을 보장하기 위해 몇 가지 핵심 권한을 명시적으로 부여했다. 외교 사절 접견권, 상원의 동의를 전제로 한 외교관 임명권과 조약 체결권 등이 그 예다.

그러나 이러한 열거된 권한에도 불구하고, 헌법은 외교권을 대통령의 독점적 영역으로 남겨두지 않았다. 의회에 조약 체결 비준권, 외교관 임명 동의권, 그리고 외교 정책의 실질적 이행을 뒷받침하는 재정권을 부여함으로써, 외교가 두 권력 사이의 '권력 공유'와 협력을 통해 수행되도록 설계했다. 이로 인해 대통령의 외교적 재량이 어디까지 미칠 수 있는지는 미국 헌정사에서 끊이지 않는 논쟁의 대상이었다.

이 논쟁에 중대한 전기를 마련한 것이 1936년 커티스-라이트 수출회사(United States v. Curtiss-Wright Export Corp.) 사건이다. 이 판결에서 대법원은 대통령을 연방정부의 외교 관계를 담당하는 '유일한 기관Sole Organ'으로 규정했다. 대법원은, 국내 문제와 달리 대외관계에서, 대통령의 권한이 헌법상의 명시적 규정을 넘어서는 고유하고도 강력한 성격을 가진다고 했다. 이 판결 이후 외교권은 대통령의 배타적 권한으로 인정되는 듯 보였다.

하지만, 국가 승인 권한이 누구에게 있는지는 오랫동안 불분명했다. 국가 승인 권한은 특정 정부의 정통성이나 영토의 귀속을 공식적으로 인정하는 권한이다. 조약 체결이나 외교 사절 접견처럼 헌법에 명문으로 규정된 권한들과 달리, '국가 승인'이라는 용어는 헌법 어디에도 존재하지 않는다. 이 때문에 이 권한이 대통령에게 외교권의 일부로써 묵시적으로 부여된 고유 권한인지, 아니면 의회가 법률을 통해 이를 승인하거나 통제할 수 있는 권한인지에 대해서는 불명확했다.

이 문제에 대해 답을 제시한 판결이 지보토프르스키 대 케리 (2015)였다.

◆ 사건의 배경 : 예루살렘 지위 논란과 여권 표기 문제

예루살렘은 이스라엘과 팔레스타인 모두에게 역사적·종교 적 의미를 지닌 도시로, 그 법적 지위는 국제사회에서도 지속 적으로 논쟁의 대상이 되어 왔다. 미국은 수십 년 동안 예루 살렘의 지위가 양측의 협상을 통해 결정되어야 한다는 입장 을 유지해 왔다. 이에 따라 예루살렘을 이스라엘의 수도로 공 식 인정하지 않는 외교 정책을 고수해 왔다.

2002년, 의회는 이러한 행정부의 외교정책 기조와 충돌 할 가능성이 있는 2003년 외교관계승인법(Foreign Relations Authorization Act for FY 2003)을 통과시켰다. 이 조항은 "예루 살렘에서 태어난 미국 시민이 요구할 경우, 여권의 출생지 표 기에 '이스라엘'을 기재하라"는 내용을 담고 있었다. 이는 예루 살렘을 이스라엘의 영토로 인정하는 신호로 해석될 수 있었 고, 국무부는 외교적 파장을 우려해 이를 이행하지 않았다.

이런 상황에서, 2002년 지보토프스키(Menachem Zivotofsky)는 예루살렘에서 태어났다. 미국 시민권자인 지보토프스키의 부모는 그의 여권 출생지를 "예루살렘, 이스라엘"로 표기해 달라고 국무부에 요구했다. 하지만, 국무부는 기존 정책에 따라 "예루살렘"만 표기했다. 이에 지보토프스키 측은 "의회가 정한 법률을 행정부가 거부하는 것은 위헌"이라며, 국무부 장관 케리(John F. Kerry)를 대상으로 소송을 제기했다. 그들은 출생지 표기 기준을 세우는 것은 입법 권한에 속하며, 행정부가 자의적으로 이를 무시할 수 없다고 주장했다.

이 사건은 단순한 여권 표기 논쟁을 넘어, 외교 영역에서 의회 권력과 대통령 권력의 경계를 시험하는 중대한 헌법적 쟁점으로 발전하게 된다.

02 대법원 판례로 본 대통령 권력

◆ **핵심 질문** : 국가 승인 권한은 헌법상 대통령에게 배타적으로 귀속되는가, 아니면 의회가 법률로 개입할 수 있는가?

당사자들은 이렇게 주장했다.

지보토프스키 케리

"의회는 헌법 제1조에 따라 외교, 여권 관련 입법 권한이 있어."

"여권의 출생지 표기는 개인 신원 확인을 위한 행정적 표시일 뿐 국가를 승인하는 외교 행위로 볼 수 없어."

"외교, 국가안보 관련 분야라도, 여권 표기와 같은 사안은 의회 입법 통제가 허용돼."

"어떤 국가나 정부를 승인할 것인지는 헌법 제2조가 부여한 대통령의 고유한 외교 권한이야."

"의회가 대통령의 배타적 승인 권한을 침해하는 건 삼권분립 위반이야."

"의회가 여권 출생지에 '이스라엘' 표기를 법률로 강제하는 것은 대통령 외교 정책과 충돌하는 국가 승인을 사실상 강요하는 거야."

◆ 대법원은 이렇게 판결했다 ◆

국가 승인 권한은 대통령이 가진 배타적인 외교 권한이다.

대법원은 다수의견으로 대통령 측의 손을 들어주었다. 판결문의 주요 내용은 다음과 같다.

▶ 헌법에 대통령의 국가 승인 권한이 명시적으로 규정되어 있지는 않다. 그러나 헌법 제2조에 명시된 외교 권한, 헌법에 표현된 삼권분립, 그리고 역사적 관행을 종합해 볼 때, 외국 정부나 국가를 승인하는 권한은 대통령의 고유하고 배타적인 권한이다.

▶ 국가 승인 문제는 미국 정부가 단 하나의 일관된 입장만을 가질 수밖에 없는 영역이다. 따라서 의회가 대통령의 외교 정책과 모순되는 법률을 제정하는 것은 허용될 수 없다.

▶ 의회는 예산, 제재, 조약 비준 등 외교 정책 전반에서 중요한 역할을 하지만, 대통령의 배타적 외교 권한 영역 자체를 침해하거나 대체할 수는 없다.

▶ 여권에 출생지를 '이스라엘'로 표기하도록 하는 것은 단순한 행정적 조치가 아니라, 예루살렘의 지위에 대한 미국의 공식 외교 입장을 대외적으로 표시하는 효과를 가

진다. 이러한 표기는 대통령이 유지해 온 국가 승인 정책과 직접적으로 연결된 외교 행위에 해당하며, 그러한 권한은 대통령이 배타적으로 가진다.

▶ 대통령이 외국 정부를 공식 승인하거나 그 지위를 결정할 수 있는 배타적 권한을 가진다는 점에서, 여권에 '이스라엘'을 명시하도록 한 의회의 법률은 권력분립 원칙을 위반하여 무효다.

◆ **판결의 의미** : 국가 승인 권한은 대통령의 고유 권한임을 명시적으로 확인했다.

이전까지 대통령의 국가 승인 권한은 정치적 관행이나 이론적 논의에 기반하여 이해되어 왔을 뿐, 사법적으로 그 범위가 확정된 적은 없었다. 이 판결에서 대법원은 의회가 조약 비준이나 다양한 법률 제정을 통해 외교 정책에 영향을 미칠 수 있음은 인정했다. 그러나 헌법이 대통령 고유 권한으로 인정한 영역에는 의회가 개입할 수 없다는 점을 분명히 했다.

대통령은 국가안보를 이유로
특정 국가 국민의 입국을 막을 수 있는가?

트럼프 대 하와이 : Trump v. Hawaii(2018)

대통령의 이민·출입국 규제는 외국과의 관계, 국경 통제, 국가 방위 기능과 직접적으로 관련되기 때문에, 국가안보와 외교가 교차하는 영역에 속한다고 볼 수 있다. 이러한 특성 때문에 대법원은 전통적으로 대통령에게 폭넓은 재량을 인정해 왔다.

그러나 사법부는 국가안보·외교 영역의 특성상 대통령이 보유한 정보의 우위와 정책적 판단을 어느 수준까지 존중해야 하는지, 그리고 어느 지점에서 헌법적 한계를 분명히 그어야 하는지에 대해 고민해 왔다. 트럼프 대 하와이 사건(2018)도 이 문제를 다룬다.

◆ 사건의 배경 : '테러와의 전쟁'과 트럼프 대통령의 입국 제한 선언

2001년 9·11 테러 이후 미국은 이민과 외국인의 출입국 절차를 강화했다. 특히 외국인 입국 절차 강화는 국가안보의 핵심 수단으로 인식되었다. 이러한 흐름 속에서 2017년 트럼프(Donald Trump) 대통령은 특정 국가 출신 외국인의 입국을 제한하는 일련의 선언문을 발표했다. 그 근거는 1952년 의회가 제정한 이민 및 국적법(Immigration and Nationality Act, INA)이었다.

이 법은 특정 외국인의 입국이 미국의 이익에 해롭다고 대통령이 판단할 경우, 해당 외국인의 입국을 제한할 수 있는 권한을 부여하고 있다. 트럼프 대통령은 입국을 제한한 선언문이 국가안보를 위한 외교·이민 통제 권한의 행사라고 주장했다.

이 사건에서 문제가 된 대통령 선언문은 2017년 9월에 발표된 것이었다. 이 선언문은 테러 위험과 정보 공유 불충분을 이유로, 이란, 리비아, 시리아, 소말리아, 예멘, 차드(이후 제외), 북한, 베네수엘라 등 총 8개국 국민의 입국을 제한 또는 금지하는 내용을 담고 있었다. 이들 대부분이 무슬림 국가라는 점에서 논란이 되었다.

하와이주를 비롯한 원고들은 대통령이 INA가 부여한 재량을 과도하게 행사하여 의회의 입법권을 침해했다고 주장했다. 또한, 대통령의 조치가 종교 차별을 금지한 수정헌법 제1조를 침해한다고 하면서 법원이 이를 엄격하게 심사해야 한다고 주장했다. 하급 법원은 이들의 주장을 받아들여 선언문의 집행을 정지했다. 이 사건은 결국 대법원의 최종 판단을 받게 되었다.

◆ 핵심 질문 : 대통령은 국가안보를 이유로 특정 국가 출신 외국인의 입국을 제한할 수 있나?

당사자들은 이렇게 주장했다.

트럼프		하와이

트럼프

"INA는 대통령이 국익에 해롭다고 판단하면 입국 제한 조치를 할 수 있는 재량을 갖도록 했어."

"외국인 입국 제한 조치는 국가안보와 테러 방지 목적이지 종교를 차별할 의도는 없어."

"이민·출입국과 국가안보는 대통령의 고유 권한 영역에 속하므로, 사법부의 심사는 제한적이어야 해."

하와이

"대통령의 입국 제한 조치는 표면상 국가안보를 내세우지만, 사실상 무슬림을 겨냥한 종교 차별이야."

"대통령은 INA에 따라 입국 제한을 하려면 합리적인 국가안보 근거를 제시해야 하지만, 그러지 못했어."

"국가안보를 근거로 한 대통령의 조치라 하더라도 사법심사의 대상이야."

◆ 대법원은 이렇게 판결했다 ◆

의회가 제정한 법률에 근거한 대통령의 입국 제한 조치는 정당하다.

대법원은 다수의견으로 트럼프 대통령의 입국 제한 조치가 합헌이라고 판결했다. 판결문의 주요 내용은 다음과 같다.

▶ 외국인의 입국 통제는 국가안보와 밀접하게 연관된 영역
이다. 의회가 제정한 INA는 대통령에게 국가안보를 이유
로 외국인의 입국을 제한할 수 있는 광범위한 재량권을
부여하고 있다. INA는 특정 외국인의 입국이 미국의 이
익에 해롭다고 대통령이 판단할 경우, 그가 필요하다고
판단하는 방식과 기간 동안 입국을 제한하거나 유예할
수 있는 배타적 재량을 명시하고 있다.

▶ 해당 대통령 선언문은 명시적으로 이슬람을 언급하지 않으
며, 일부 비무슬림 국가도 포함되어 있으므로, 종교와 무관
한 안보 기준을 제시하고 있다. 따라서 이 조치를 이슬람교
를 겨냥한 차별적 조치로 단정할 근거는 부족하다.

▶ 외국인의 입국 허가 및 배제는 대체로 사법적 통제로부터
면제된 채 정부의 정치적 기구(입법부와 행정부)에 의해 행사
되는 근본적인 주권적 속성이다.

▶ 외교·국가안보 영역의 경우 법원은 대통령의 조치가 표면

적으로 합법적이고 합리적인지만을 심사하는 완화된 기준을 적용한다. 대통령이 제시한 국가안보적 정당성, 즉 정보 공유가 미흡한 국가로부터의 위험을 차단한다는 것은 합법적이고 합리적인 것으로 판단된다.

▶ 법원은 대통령이 취한 조치에서 합리적인 안보적 사유가 있다고 인정하는 한, 그 조치 이면에 숨겨진 개인적 동기나 불법적인 의도를 들여다보지 않는다.

◆ **판결의 의미** : 국가안보와 이민·출입국 정책이라는 영역에서 대통령의 넓은 재량권을 인정했다.

대법원은 외교와 국가안보가 결합한 영역에서 대통령의 재량을 넓게 인정하며, 국가안보를 위한 합리적 수단이라면, 사법부는 대통령의 조치를 존중해야 한다고 보았다.

이 판결은 외교 및 국가안보라는 영역에서 전통적 사법 자제 원칙을 재확인했다. 동시에, 행정부의 조치가 헌법적 한계를 넘었는지 판단할 때, 그 조치가 표면적으로 합법적인지 그리고 합리적인지를 판단 기준으로 재설정한 사건으로 평가된다.

트럼프 대통령의 관세 부과, 위헌인가?

2025년 초 도널드 트럼프 대통령은 국가비상사태를 선포하고, 거의 모든 국가의 수입품에 대해 10~50%에 이르는 포괄적인 '상호 관세'를 부과하는 행정명령을 발표했다. 그 근거는 의회가 제정한 국제비상경제권한법(International Emergency Economic Powers Act of 1977, IEEPA)이었다.

○ **핵심 질문: 국가비상사태에서 대통령은 IEEPA가 부여한 '수입 규제' 권한에 근거해 포괄적인 관세를 부과할 수 있는가?**

트럼프 대통령은 자신의 관세 부과가 IEEPA에 규정된 국가비상사태 대응 조치의 범위에 포함된다고 주장했다. 국가비상사태가 선포된 경우, IEEPA는 대통령이 미국의 경제와 국가안보에 "외국으로부터 발생한 비상하고도 중대한 위협"에 대한 대응 조치를 취할 수 있도록 하고 있다. 그것에는 '수입을 규제할 권한'이 포함된다.

이에 대해 5개 중소기업과 12개 주는 대통령의 조치가 IEEPA가 부여한 권한의 범위를 명백히 벗어난 것이라고 반박하며 소송을 제기했다. 원고들은 관세 부과가 조세 및 무역 정책의 핵심으로써 헌법상 의회의 권한이라고 주장했다.

하급 법원은 원고 측의 손을 들어주었다. 법원은 IEEPA가 대통령에게 새로운 관세율을 설정하거나 관세 체계를 전면적으로 재구성할 권한까지 위임했다고 보기 어렵다고 판결했다. 더 나아가 설령 IEEPA를 그렇게 넓게 해석한다면, 이는 조세와 무역에 관한 의회의 권한을 행정부에게 과도하게 이전하는 결과를 초래하고, 결국 권력분립 원칙을 훼손할 소지가 크다고 보았다.

트럼프 대통령은 이에 불복해 대법원에 상고했다.

이 사건은 형식적으로는 관세 부과의 적법성을 다투는 분쟁이다. 하지만, 실질적으로는 국가비상사태를 이유로 경제 분야에서 대통령의 권한이 어디까지 확장될 수 있는지를 묻는 사건이다.

이 사건의 대법원 판단은 2026년 중 이루어질 것으로 예상된다.

2. 대통령 면책특권, 어디까지 허용되나?

대통령 면책특권이란?

대통령은 매일 외교, 안보, 경제 등 국정 운영과 관련한 중요한 결정을 내려야 한다. 만약 대통령이 각종 소송이나 법적 절차에 끊임없이 시달려야 한다면 어떨까? 대통령의 시간과 에너지는 분산되고, 그 결과 국정운영에 어려움을 겪을 것이다. 이는 결국 국민의 안전과 복리에도 부정적인 영향을 미칠 것이다.

이런 문제를 방지하기 위해, 대통령은 일정 범위의 법적 책임으로부터 보호받아야 한다는 점이 인정되어 왔다. 이를 대통령 면책특권Presidential Immunity이라 한다. 대통령 면책특권은 대통령이 국정 업무를 수행하는 과정에서 발생하는 소송이나 법적 절차로부터 일정한 범위 내에서 보호받는 원칙을 의미한다. 다만, 이는 대통령을 법 위에 두기 위한 특권이 아니라, 국가 기능의 원활한 작동을 보장하기 위한 제도적 장치로 이해된다.

대통령 면책특권에 대한 헌법 설계자들의 구상

헌법 설계자들은 대통령을 법 위에 군림하는 군주로 상정하지 않았다. 그들이 구상한 대통령은 헌법과 국민에게 책임을 지는 공화국의 행정 수반이었다. 즉, 대통령은 법적 책임에서 면제되는 신성불가침의 존재로 여겨졌던 영국 국왕과 분명히 다른 존재였다.

이 점은 해밀턴의 설명에서 잘 드러난다. 그는 미국 대통령과 영국 국왕을 직접 비교하며, 미국 대통령은 "탄핵될 수 있고, 파면될 수 있으며, 그 후에는 일반적인 법 절차에 따라 기소되고 처벌될 수 있는 존재"라고 설명했다(《페더럴리스트》 69번). 이는 법적 책임에서 완전히 자유로운 영국 국왕과 달리, 미국 대통령은 법의 지배 아래에 놓인 공직자임을 강조한 것이었다.

이처럼 헌법 설계자들은 대통령에게 면책특권을 부여할 것을 염두에 두지 않았다. 오히려 대통령이 헌법과 법률을 위반할 경우, 그에게 정치적 책임(탄핵)과 법적 책임을 지우는 것이 공화국의 원리에 부합한다고 보았다. 그 결과, 헌법에는 대통령의 직무 수행과 관련한 면책특권에 대해 명시적인 규정을 담지 않았다.

따라서 대통령 면책특권은 헌법 규정이 아니라, 이후 제기된 실제 분쟁 속에서 대법원 판례를 통해 점진적으로 형성된 개념이다. 이제부터 살펴볼 대법원 판례들은 대통령 면책특권의 범위와 한계를 어떻게 설정해 왔는지를 보여준다.

대통령에게 그의 공식 직무 행위에 대한 민사책임을 물을 수 있나?

닉슨 대 피츠제럴드 : Nixon v. Fitzgerald(1982)

앞서 살펴본 것처럼, 헌법 설계자들의 대통령 구상에는 면책특권이 없었다. 대통령이 법 위에 군림하지 않도록 하는 것이 중요했기 때문이다. 그래서 대통령 면책특권은 판례를 통해 인정되고 그 범위가 확정되어 왔다. 그 첫 판례가 닉슨 대 피츠제럴드(1982)다.

◆ **사건의 배경** : '내부 고발자'의 해고와 닉슨 전 대통령 소송

1970년 리처드 닉슨 대통령의 재임 중 발생한 한 사건이 훗날 '대통령의 민사 책임'에 관한 중대한 판례로 이어지게 된다.

이 사건의 중심 인물은 미 공군성 소속 경력직 민간 공무원

이었던 피츠제럴드(A. Ernest Fitzgerald)였다. 그는 군수품 조달 과정에서 비용을 분석·관리하는 전문가로, 특히 대형 무기체계의 예산 집행을 감시하는 역할을 맡고 있었다.

피츠제럴드는 1968년 11월 하원 군사위원회 청문회에 출석해, 공군의 C-5A 대형 수송기 개발 사업에서 약 20억 달러에 달하는 대규모 예산 초과와 낭비가 발생하고 있음을 공개적으로 증언했다. 이 발언은 정부의 군수 조달 시스템의 비효율성을 폭로한 대표적인 내부고발 사례로 주목을 받았다.

그로부터 약 1년여 뒤인 1970년 1월, 피츠제럴드는 조직 개편과 인력 감축을 이유로 공군성에서 해임되었다. 그러나 그는 이 조치가 예산 낭비를 폭로한 의회 증언에 대한 보복이라고 생각했다.

이후 닉슨 대통령이 사임한 뒤인 1978년, 피츠제럴드는 전직 대통령 닉슨과 닉슨 행정부의 고위 관리들을 상대로, 해고가 자신의 권리를 침해했다고 주장하면서 민사상 손해배상 소송을 제기했다.

◆ **핵심 질문** : 대통령은 재임 중 수행한 공식 직무 행위에 대한

민사상 손해배상 소송으로부터 면책특권을 가지는가?

당사자들은 이렇게 주장했다.

닉슨	**VS**	피츠제럴드

닉슨

"대통령이 재임 중 수행한 공식 직무 행위로 민사소송에 노출된다면, 행정부의 효율적 기능 수행을 심각하게 저해해."

"대통령의 공식 직무 행위에 대한 민사상 면책특권은 삼권분립에서 필수 요소야."

피츠제럴드

"대통령이라도 법 위에 존재할 수는 없어."

"대통령에게 민사상 면책특권을 인정하면 권력 남용에 대한 사후적 통제 수단이 없어지게 돼."

"대통령의 공식 직무 행위라도 개인에게 위법한 손해를 끼쳤다면 사법심사의 대상이 되어야 해."

◆ 대법원은 이렇게 판결했다 ◆

대통령은 재임 중 수행한 공식 직무 행위에 대해
민사상 손해배상 소송으로부터 절대적인 면책특권을 가진다.

대법원은 다수의견으로 공식 직무 행위에 대한 민사상 절

대적 면책특권이 대통령에게 있다고 판결했다. 판결문의 주요 내용은 다음과 같다.

▶ 대통령의 민사상 절대적 면책특권은 삼권분립의 원리와 헌법이 전제한 대통령직의 고유한 기능에서 도출된다.

▶ 이 면책특권은 대통령이 개인적 소송에 휘말려 국가 운영에 필요한 시간과 에너지가 분산되는 것을 방지하기 위한 것이다.

▶ 대통령의 행위가 공식 직무 범위에 속하는 한, 그 동기의 악의성이나 위법성 여부, 그리고 결과의 적절성 여부와는 무관하게 절대적 면책특권이 적용된다.

◆ **판결의 의미** : 역사상 처음으로 대통령의 공식 직무 행위에 대한 민사상 절대적 면책특권을 명시적으로 인정했다.

대법원은 대통령 면책특권이 삼권분립이라는 헌법 원리에 뿌리를 두고 있다고 보았다. 또한, 대통령이 입법부와 사법부의 과도한 간섭 없이 독립적으로 국정을 수행할 수 있도록 보장하기 위한 제도적 장치라고 보았다.

대법원은 면책특권의 범위를 대통령의 공식 직무 범위에 속하는 행위로 한정했다. 이로써, 면책특권이 직무와 무관한 개인적인 행위에는 적용되지 않는다는 점을 분명히 했다. 이는 대통령의 면책특권이 개인에게 부여된 특권이 아니라, 대통령이라는 직책의 기능 수행을 보호하기 위한 것임을 명확히 한 것이다.

나아가 대법원은 면책특권이 절대적이라는 점을 강조했다. 즉, 대통령의 행위가 공식 직무에 해당하는 한 그 동기나 결과의 적절성과 무관하게 민사상 책임으로부터 보호된다고 보았다. 이는 해당 행위의 정당성을 인정한 것이 아니라, 국정운영의 안정성을 위해 사후에 있을 수 있는 민사소송으로부터 대통령을 보호해야 한다는 것이다.

대통령은 개인적인 행위로 소송을 당한다면, 재임 중이라도 재판을 받아야 하는가?

클린턴 대 존스 : Clinton v. Jones(1997)

우리는 앞서 대통령이 공식 직무 행위에 대해서는 민사소송으로부터 절대적 면책특권을 가진다는 것을 알게 되었다. 그런데, 만약 대통령이 대통령이 되기 전 또는 대통령 재임 중 직무와 전혀 관련 없는 개인적인 행동 때문에 민사소송을 당한다면 어떨까? 대통령이 "나는 대통령으로서 나랏일을 해야 하니, 재판은 나중에 퇴임한 후에 하겠다"고 할 수 있을까?

클린턴 대 존스(1997)는 대통령의 면책특권이 어디까지 인정되는지, 특히 직무와 무관한 개인적인 행위에 대해 제기된 소송을 연기받을 수 있는지를 다룬 중요한 판례다.

◆ **사건의 배경** : 주지사 시절의 의혹과 대통령에 대한 소송

1990년대, 현직 대통령이 피고로서 민사소송에 휘말리는 초유의 사건이 발생하며 미국 사회에 큰 논란이 일어났다. 이 사건의 당사자는 당시 대통령이던 클린턴(William Clinton)과 존스(Paula Jones)였다.

존스는 아칸소주 주정부 공무원으로 근무하던 인물로, 1991년 클린턴이 아칸소 주지사로 재직하던 시절 한 호텔 방에서 자신에게 성적 접근을 시도했다고 주장했다. 이 문제는 당시 공식적인 법적 절차로 이어지지는 않았다.

그러나 클린턴이 대통령으로 재직 중이던 1994년, 존스는 과거 클린턴의 행위를 성희롱이라고 하면서 민사상 손해배상 소송을 제기했다. 이에 대해 클린턴 대통령은, 문제 된 행위가 대통령이 되기 전의 사적 행위임을 인정하면서도, 현직 대통령이 개인 민사소송에 응해야 하는지는 별도의 헌법적 문제라고 주장했다.

클린턴은 대통령이 국가 최고지도자로서 막중한 책임을 지고 있는 상황에서, 직무와 무관한 개인 소송에 응하게 되면 국정 운영이 심각하게 방해될 수 있다고 주장했다. 따라서 그는 대통령 임기가 종료될 때까지 재판을 연기해 달라고 요청했다. 특히 당시 보스니아 내전 등 중대한 외교·안보 현안을 처리하고 있다는 점을 강조하며, 대통령의 시간과 관심이 사적 분쟁으로 분산되어서는 안 된다고 주장했다.

◆ **핵심 질문** : 대통령은 재임 이전의 개인적 행위와 관련하여 제기된 민사소송에 대해, 대통령 임기 종료까지 재판을 연기해 달라고 요구할 수 있나?

당사자들은 이렇게 주장했다.

클린턴 VS 존스

클린턴

"개인적인 민사소송이라도 대통령의 국정운영에 중대한 부담을 줘."

"대통령이라는 헌법상 직무의 특수성을 고려해, 최소한 재임 기간 동안은 민사 재판을 받지 않도록 해야 해."

존스

"대통령이라 하더라도 직무와 무관한 개인적 불법행위에 대해서는 법적 책임을 져야 해."

"대통령이라는 지위만으로 민사 재판을 일괄적으로 연기시킬 수 없어."

◆ 대법원은 이렇게 판결했다 ◆

대통령은 재임 중이라는 이유로, 직무와 무관한 사적 행위로 제기된 민사소송에 대해 재판의 연기를 요구할 수 없다.

대법원은 만장일치의 의견으로 대통령은 개인적인 행위에

대한 민사소송으로부터 면책특권이 없다고 판결했다. 판결문의 주요 내용은 다음과 같다.

▶ 대통령은 직무와 무관한 사적 행위에 대해 민사상 면책특권을 갖지 않으며, 대통령이라는 지위만으로 재판을 일괄적으로 연기받을 헌법적 권리는 없다.

▶ 권력분립 원칙은 대통령을 상대로 한 모든 개인적인 민사소송을 자동적으로 중단할 것을 요구하지 않는다. 법원은 구체적 사정에 따라 절차를 조정할 수 있으며, 대통령의 지위 그 자체가 재판 면제 사유는 아니다.

▶ 대통령이 헌법에서 독특한 지위를 차지하고 있음에도 불구하고, 그는 단지 한 사람일 뿐이다. 대통령도 일반 시민과 똑같이 법의 적용을 받아야 한다.

이 판결로 클린턴 대통령은 재임 중에도 폴라 존스 재판에 응해야 했다.

◆ **판결의 의미** : 대통령 면책특권은 직무와 무관한 개인적 행위

에는 적용되지 않는다는 점을 명확히 했다.

대법원은 대통령 면책특권이 오직 공식 직무 수행 과정에서 이루어진 행위를 보호하기 위한 제도일 뿐, 대통령 개인의 사적 행위까지 포괄하는 특권이 아님을 분명히 했다.

이 판결을 통해 대법원은 대통령의 국정운영이 부당하게 위축되지 않도록 보호하면서도, 대통령이라 하더라도 개인적인 불법 행위에 대해서는 일반 시민과 마찬가지로 법적 책임을 져야 한다는 '법의 지배' 원칙을 재확인했다.

대통령은 형사소추될 수 있나?

트럼프 대 미국 정부 : Trump v. United States(2024)

우리는 앞서 대통령이 공식 직무 행위에 대해서는 민사상 절대적 면책특권을 가진다는 점을 살펴보았다. 다만, 대법원은 그 면책특권이 어디까지나 대통령의 공식적인 직무 수행에 한정되며, 개인적인 행위는 적용되지 않는다는 점을 분명히 했다. 그렇다면 대통령은 형사상으로는 면책특권을 가질까? 만약 대통령이 재임 중에 수행한 공식 직무 행위가 범죄로 판단된다면, 형사소추될 수 있을까?

이 질문에 대해 처음으로 대법원이 명시적 기준을 제시한 판례가 바로 트럼프 대 미국 정부(2024)다.

◆ 사건의 배경 : 2020년 대선 불복 시도와 1월 6일 사태

2020년 미국 대통령 선거에서 민주당 후보 바이든(Joe Biden)이 승리하자, 당시 대통령이었던 트럼프는 선거 결과를 강하게 부정했다. 그는 언론 인터뷰, 소셜미디어, 공개 연설 등을 통해 선거가 "조작되었다"고 주장했고, 이러한 주장은 지지층 사이에서 빠르게 확산되었다.

선거 이후 트럼프는 다양한 방식으로 선거 결과를 뒤집으려 했으며, 그 절정이 2021년 1월 6일에 발생했다. 이날은 헌법과 연방법에 따라 의회가 대통령 선거인단 결과를 공식 인증하는 날이었다. 트럼프 대통령은 백악관 인근 집회에서 지지자들에게 의사당으로 행진할 것을 촉구했고, 이후 다수의 시위대가 의사당 내부에 진입하면서 의회 절차가 중단되고 사상자까지 발생했다. 이 사건은 이른바 "1·6 의사당 사태"로 불리게 되었다.

이후 법무부는 특별검사를 임명해 트럼프 전 대통령의 선거 결과 불복 시도 전반을 수사하도록 했다. 그 결과, 2023년 8월 특별검사는 트럼프 전 대통령을 연방정부 기능 방해 음모 등 여러 형사 혐의로 기소했다.

이에 대해 트럼프 전 대통령은 재임 중 공식 직무 행위에 대해 대통령은 형사상 면책특권을 가진다고 항변했다. 그리고 그는 자신의 모든 행위가 대통령의 공식 직무 수행의 연장선에 있다고 주장했다. 만약 이러한 면책특권이 부정된다면, 향후 대통령들은 정치보복성 기소를 두려워해 헌법상 권한을 제대로 행사하지 못하게 될 것이라는 주장도 덧붙였다. 그러나 하급 법원은 이러한 면책 주장을 받아들이지 않았고, 사건은 2024년 대법원에 회부되었다.

◆ 핵심 질문 : 대통령은 재임 중 수행한 공식 직무 행위에 대해 형사소추 당할 수 있나?

당사자들은 이렇게 주장했다.

트럼프	**VS**	미국 정부
"대통령의 공식 직무 행위에 대해서는 절대적 면책특권이 보장되어야 해."		"헌법 어디에도 대통령에게 형사소추로부터 면책된다는 규정은 없어."
"헌법상 대통령의 공식 직무 행위에 대해 책임을 묻는 방식은 탄핵뿐이야. 그러니 퇴임 후 형사소추는 허용되지 않아."		"탄핵 여부와 형사 책임은 별개야. 탄핵되지 않았다고 해서 범죄 행위가 형사적으로 면책될 수는 없어."

◆ 대법원은 이렇게 판결했다 ◆

대통령의 행위 가운데 헌법상 핵심적·배타적 권한 행사에 대해서는 형사소추로부터 절대적 면책특권이 적용된다. 그 밖의 공식 직무 행위에 대해서도 원칙적으로 형사소추가 제한되는 추정적 면책특권이 적용된다.

대법원은 다수의견으로 사건을 하급심으로 환송하면서, 대통령의 형사 면책특권에 대한 새로운 헌법적 기준을 제시했다. 대법원은 대통령의 행위와 면책특권의 관계를 다음 세 가지 유형으로 나누어 설명했다.

1. 헌법상 핵심적이고 배타적 권한에 대한 절대적 형사 면책특권

▶ 대통령은 헌법 구조상 오직 대통령에게만 귀속된 핵심적·배타적 권한의 행사와 직접적으로 관련된 공식 행위에 대해서는 형사소추로부터 절대적 면책특권을 가진다.

▶ 이러한 권한 영역은 의회나 사법부가 개입할 수 없는 대통령의 고유한 기능에 해당하므로, 형사소추를 허용하는 것은 권력분립을 근본적으로 침해하게 된다.

2. 공식 직무 행위에 대한 추정적 형사 면책특권

▶ 대통령의 행위가 헌법상 배타적 권한에 해당하지 않더라도, 공식적 직무 수행과 관련된 행위에 대해서는 원칙적으로 형사 면책특권이 추정된다.

▶ 이러한 경우 형사소추가 허용되려면, 그 소추가 행정부의 권한과 기능을 침해하지 않는다는 점이 명백히 드러나야

하며, 사법부는 이를 엄격하게 심사해야 한다.

3. 비공식·사적 행위에 대한 면책 부인

▶ 대통령이 재임 중이라 하더라도 직무와 무관한 사적·비공
식적 행위에 대해서는 형사상 면책특권을 전혀 가지지 않
는다. 이러한 행위에는 개인적 이해관계에 따른 행동이나
대통령의 헌법상 직무와 직접적 관련이 없는 행위가 포함
된다.

대법원은 또한 탄핵과 형사 면책특권의 관계도 명확히 했다.

▶ 탄핵은 형사소추의 전제조건이 아니다.

▶ 공직자는 탄핵 여부와 관계없이 형사 범죄에 해당하는 행
위에 대해 형사소추될 수 있다.

▶ 따라서 대통령이 탄핵되지 않았다는 사실만으로 형사소
추가 금지된다고 볼 수는 없다.

이에 따라 대법원은 트럼프 전 대통령의 각 혐의가 공식 직
무 행위에 해당하는지, 그리고 해당 행위에 절대적 또는 추정
적 면책특권이 적용되는지를 하급 법원이 새 기준에 따라 다
시 심리하도록 했다.

이 판결로 인해 형사 재판은 지연되었으며, 검찰은 새로운 면책 기준 아래에서 기소의 정당성을 다시 검토받게 되었다.

◆ **판결의 의미** : 대통령의 공식 직무 행위에 대한 형사 면책 여부를 직접적으로 다룬 최초의 판결이다.

기존의 닉슨 대 피츠제럴드(1982)가 대통령의 공식 직무 행위에 대한 민사상 면책특권에 국한되었던 것과 달리, 이 판결은 형사 사법 절차와 대통령 권한 관계를 처음으로 본격적으로 다루었다.

대법원은 대통령에게 일정한 범위의 형사 면책특권이 인정될 수 있음을 인정하면서도, 그 면책이 무제한적이지 않다는 점을 분명히 했다. 특히 대통령의 비공식적·사적 행위에 대해서는 어떠한 형사 면책도 인정되지 않는다는 점을 명확히 했다. 이로써 대통령 역시 법 아래에 있는 존재라는 법의 지배 원칙을 재확인했다.

다만 대법원은 대통령의 구체적 행위가 '공식적 직무 행위'인지, 아니면 '비공식적 행위'인지에 대한 구분 기준을 스스로 확정하지 않고, 이를 하급 법원에서 새 기준에 따라 다시 심리하도록 환송했다. 그 결과, 이 판결은 대통령 형사 면책특권의 구조적 틀과 원칙은 제시했지만, 그 적용 범위와 경계에 대해서는 최종적·명확한 결론을 유보했다.

이로써 이 판결은 대통령의 형사 책임 문제에 관한 헌법적 기준을 설정하는 동시에, 향후 대통령 형사 면책의 범위를 둘러싼 논쟁의 여지를 남긴 판례로 평가된다.

ARCHITECT OF THE
CONSTITUTION

03

대법원 판례로 본
입법부 권력

1. 입법부 권력, 어떻게 제한되었나?

앞서 살펴본 것처럼, 헌법 설계자들은 세 개의 권력 중 입법권이 필연적으로 우위를 점한다고 보았다. 그들은 국민의 대표로 구성된 입법부가 정부 권력의 원천이며, 동시에 가장 쉽게 확장할 수 있는 권력이라고 인식했다. 따라서 입법부 우월성을 제도적으로 제어할 필요성을 느꼈다. 이에 입법권을 헌법에 열거된 권한으로 한정하고, 양원제, 대통령의 법률안 거부권 등을 설계했다. 기본적으로 헌법 설계자들은 입법부 권력을 제한하는 견제 구조를 헌법에 담았다.

이에 따라 입법부가 헌법의 삼권분립 구조 자체를 위반하여 의회 자신의 권력을 확장하거나 다른 권력을 침해하는 경우, 법원은 엄격히 심사했다. 또한, 의회가 자신의 본질적인 입법 기능을 다른 기관에 이전하는 경우도 허용하지 않았다.

그러나 입법권은 일관되게 제한되었던 것만은 아니었다. 주정부에 대한 연방정부의 우위성을 확보하여 연방 규제를 넓혀야 할 때는 입법권 확장이 허용되는 경우도 많았다. 이 확장 과정에서 헌법이 의회에 부여한 상업 조항과 필요·적절 조항이 큰 영향을 미쳤다. 상업 조항을 통해 의회는 주의 경계를 넘어선 경제활동뿐만 아니라 주의 경계 내의 활동이라도 전국 경제에 실질적인 영향을 미친다면 규제할 수 있게 되었다. 또한, 필요·적절 조항을 통해 의회는 헌법에 명시되지 않은 묵시적 권한도 행사할 수 있게 됨으로써 다양한 분야에서 연방 규제를 확대할 수 있었다.

여기에서는 대법원의 입법권 해석에 있어서 변곡점을 이룬 중요한 판례들을 소개하고자 한다. 이 판례들은 대법원이 어떠한 상황에서 입법권을 제한했는지, 어떠한 논리로 입법권 확장을 뒷받침했는지를 보여준다. 이를 통해 대법원의 입법권 해석이 그 시대의 정치·경제적 상황을 반영하고 있음을 알 수 있을 것이다.

의회는 헌법에 없는 연방은행을 만들 수 있나?

맥컬록 대 메릴랜드 : McCulloch v. Maryland(1819)

헌법은 의회가 행사할 수 있는 권한을 명시적으로 열거하고 있다. 이는 의회의 권한이 한정되어 있음을 의미한다. 따라서 이론적으로 의회는 헌법에 명시되지 않은 영역에 대해서는 어떠한 입법권도 행사할 수 없는 것이 원칙이었다.

이 원칙은 건국 초기 연방은행 설립 문제로 시험대에 올랐다. 미국 헌법 어디에도 "의회가 은행을 설립할 수 있다"는 규정은 없다. 그렇다면 의회는 은행을 만들 수 없을까? 만약 만들었다면, 주州가 그 은행에 세금을 부과할 수 있을까? 이 물음에 대해 대법원은 맥컬록 대 메릴랜드(1819)에서 명확한 기준을 제시했다.

◆ 사건의 배경 : 연방은행을 둘러싼 주와 연방의 갈등

미국은 독립 직후 금융 질서를 바로잡기 위해 제1합중국은행(1791)을 세웠다. 하지만 그 은행은 20년의 기한 만료로 1811년에 폐지되었다. 그 뒤 영국과의 전쟁(1812-1815)과 경제 혼란이 겹치면서 통화와 신용 체계가 크게 흔들리게 되었다. 이에 의회는 경제를 안정시키고 통일된 화폐·금융 시스템을 마련하기 위해 1816년 제2합중국은행("연방은행")을 설립했다. 그러나 몇몇 주는 연방은행의 존재를 못마땅해했다. 연방정부의 권력이 커지는 것도 싫었고, 주정부가 인가한 은행들과 경쟁하는 것도 원치 않았다.

특히, 메릴랜드주는 1818년에 연방은행을 겨냥한 규제를 도입했다. 메릴랜드주 의회는 주정부가 인가하지 않은 연방은행이 은행권을 발행하려면 인지세나 연 15,000달러의 정액세 중 하나를 선택해 부담하게 했다. 이를 위반할 경우, 연방은행의 관리자나 책임자에게 벌금을 부과했다. 이러한 규제의 요지는 연방은행에도 주가 세금을 부과하겠다는 것이었다.

그러나 연방은행 볼티모어 지점은 인지세도, 정액세도 납부하지 않고 연방은행권을 계속 발행했다. 이에 메릴랜드주는 볼티모어 지점 출납 책임자 맥컬록(James McCulloch)을 상대로 벌금 징수 소송을 제기했다. 이에 대해 그는 주가 연방은행에 세금을 부과하는 것은 연방의 권한을 침해하는 것이라고 주장했다. 반면, 메릴랜드주는 연방정부가 헌법에 명시되지 않은 은행을 세운 것은 주의 권한을 침해한 것이라 주장했다.

이와 같이 벌금 징수 소송은, 의회가 연방은행을 설립할 수 있는가, 만약 그렇다면 주가 연방은행에 세금을 부과할 수 있는가 하는 헌법적 쟁점으로 발전되었다.

◆ **핵심 질문** : 의회는 헌법에 명시되지 않은 연방은행을 설립할 수 있는가?

당사자들은 이렇게 주장했다.

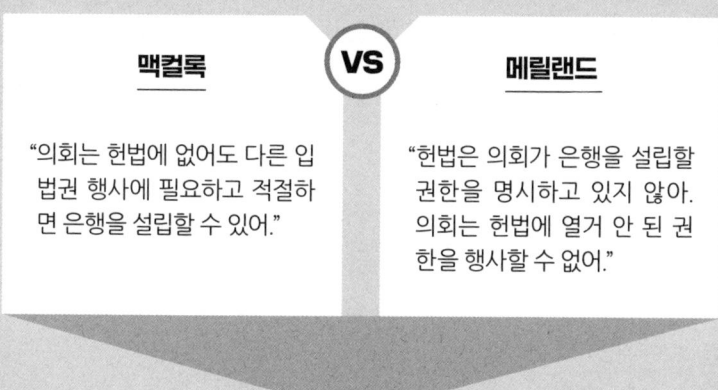

맥컬록 VS **메릴랜드**

"의회는 헌법에 없어도 다른 입법권 행사에 필요하고 적절하면 은행을 설립할 수 있어."

"헌법은 의회가 은행을 설립할 권한을 명시하고 있지 않아. 의회는 헌법에 열거 안 된 권한을 행사할 수 없어."

◆ **대법원은 이렇게 판결했다** ◆

의회는 헌법에 열거된 권한을 실행하기 위해 필요하고 적절한 수단이라면, 헌법에 명시적으로 열거되지 않은 경우라도 입법권을 행사할 수 있다.

대법원은 만장일치의 의견으로 의회의 입법권을 크게 확장하는 역사적인 판결을 내렸다. 판결문의 주요 내용은 다음과 같다.

▶ 헌법 제1조 제8항 제18절(필요·적절 조항)은 의회가 "앞서 열거된 권한들과 이 헌법이 미합중국 정부 또는 그 어떤 부서나 공무원에게 부여한 모든 다른 권한들을 실행하기 위해 필요하고 적절한 모든 법률을 제정할 권한을 가진다"고 명시하고 있다.

▶ 이에 따라 헌법에 의회의 은행 설립 권한이 명시적으로 열거되어 있지 않지만, 헌법이 부여한 열거된 권한들을 실행하기 위해 필요하고 적절하다면 은행을 설립할 묵시적 권한을 가질 수 있다.

▶ 목적이 헌법에 의해 정당하게 부여된 권한에 속하고, 그 목적 달성을 위한 수단이 적절하고, 헌법에 의해 금지되어 있지 않으며, 헌법의 문언과 정신에 부합한다면, 그러한 수단은 합헌이다. 헌법은 조세 징수, 자금의 수납·지급, 차입, 상업 규제 등을 의회에 맡겼다. 연방은행은 의회가 이러한 권한들을 효과적으로 수행하기 위한 합리적이고 적절한 수단이므로, 그 설립은 합헌이다.

▶ 또한, 헌법 제6조(최고법 조항Supremacy Clause)에 따르면,

헌법에 따라 정당하게 설립된 연방의 기관에 대해 주정부는 그 기능을 방해하거나 통제하는 방식의 과세를 부과할 수 없다. 만약 주정부가 연방기관에 세금을 부과할 수 있다면, 주정부는 연방정부의 정당한 기능을 약화시키거나 사실상 무력화할 수 있다. 과세할 권한은 파괴할 권한을 수반하기 때문이다.

◆ **판결의 의미** : 의회의 '묵시적 권한'과 '연방의 우위성'을 명확히 인정함으로써 의회 입법권 범위를 확장했다.

대법원은 의회의 권한을 헌법에 쓰인 '글자 그대로'에만 한정하지 않고, 헌법이 부여한 정당한 목적을 실현하기 위해 합리적이고 적절한 수단을 선택할 입법 재량까지 허용된다고 보았다. 이로써 의회가 그 권한을 집행하는 데 필요하다면, 헌법상 열거되지 않은 권한이라도 행사할 수 있는 묵시적 권한의 존재를 선언했다.

아울러 대법원은 최고법조항에 근거하여, 헌법에 따라 정당하게 제정된 연방 법률과 그 집행 수단이 주 법률보다 우위에 있음을 확인했다. 이에 따라 주정부가 과세를 통해 연방정부의 헌법상 기능이나 합법적 수단을 통제하거나 무력화하는 것이 허용되지 않는다는 원칙을 명확히 했다.

이 판결은 필요·적절 조항과 최고 법조항에 대한 기본적인 해석 원칙을 확립함으로써, 의회가 미국의 사회·경제 정책 전반에 걸쳐 영향력을 확대할 수 있는 근거를 제시했다.

의회는 주州 경계를 넘는
선박의 항행을 규제할 수 있나?

기번스 대 오그덴 : Gibbons v. Ogden (1824)

헌법은 의회에 여러 주州 간 상업을 규제할 권한을 부여하고 있다. 이 조항이 상업 조항(제1조 제8항 제3절)이다. 이는 건국 직후 각 주가 서로 관세를 매기거나 무역 장벽을 쌓아 경제적 혼란을 초래했던 문제를 되풀이하지 않기 위해 설계된 것이었다. 즉, 여러 주에 걸친 경제활동은 연방 차원에서 통일적으로 관리되어야 한다는 것이 헌법 설계자들의 구상이었다.

하지만 상업 조항을 이용해 연방의 규제를 넓혀가는 과정은 '주 간 상업'의 정의를 어디까지 확장할 것인지를 둘러싼 주와 연방 간 대립의 역사였다. 상업 조항을 처음으로 직접적으로 해석하고 판결한 최초의 중대 사건은 기번스 대 오그덴(1824)이다.

◆ 사건의 배경 : 증기선 항행 독점권을 둘러싼 갈등

1800년대 초, 증기선은 강과 해안을 잇는 새로운 운송수단으로 떠올랐다. 이 시기에 뉴욕주 의회는 로버트 리빙스턴과 로버트 풀턴에게 뉴욕 수역에서의 증기선 항행 독점권을 부여했다. 이는 증기선 기술 개발을 장려하기 위함이었다. 이후 오그덴(Aaron Ogden)이 그 권리를 넘겨받았고, 그는 뉴욕시와 뉴저지주 일부 지역을 오가는 증기선의 항행을 독점하려 했다.

한편, 기번스(Thomas Gibbons)는 의회가 제정한 연안 무역 및 어업에 종사하는 선박의 등록·면허 및 규제에 관한 법률(연안무역법, Coasting Act of 1793)에 따라 연방정부로부터 연안무역 면허를 취득했다. 그는 이 면허를 가지고 뉴욕-뉴저지 구간을 항행하는 노선을 열었다. 이에 오그덴은 "뉴욕주가 부여한 자신의 독점 항행권을 기번스가 침해했다"며 뉴욕주 법원에 소송을 제기했다. 뉴욕주 법원이 오그덴의 손을 들어주었고, 이에 기번스는 연방대법원에 상고했다.

◆ 핵심 질문 : 의회는 주 간 선박의 항행을 규제할 수 있나?

당사자들은 이렇게 주장했다.

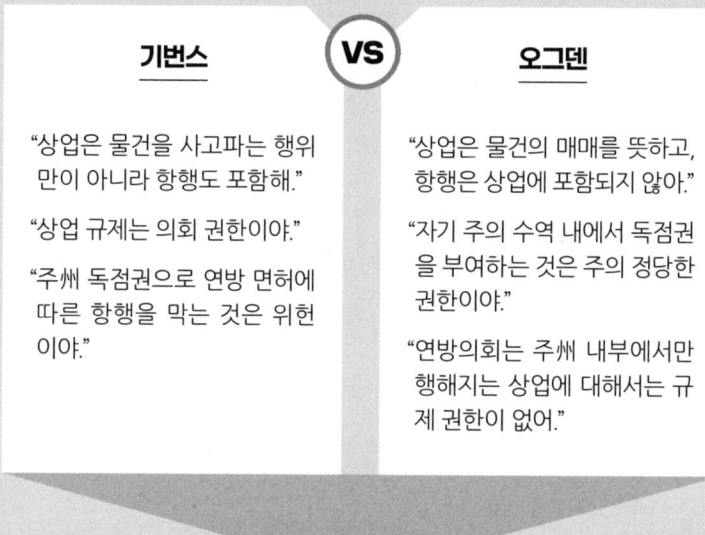

기번스 **VS** 오그덴

기번스

"상업은 물건을 사고파는 행위만이 아니라 항행도 포함해."

"상업 규제는 의회 권한이야."

"주州 독점권으로 연방 면허에 따른 항행을 막는 것은 위헌이야."

오그덴

"상업은 물건의 매매를 뜻하고, 항행은 상업에 포함되지 않아."

"자기 주의 수역 내에서 독점권을 부여하는 것은 주의 정당한 권한이야."

"연방의회는 주州 내부에서만 행해지는 상업에 대해서는 규제 권한이 없어."

◆ 대법원은 이렇게 판결했다 ◆

헌법의 상업 조항에 규정된 '상업'에는 항행을 포함한
교류 전반을 포함한다.

대법원은 만장일치로 의회의 권한을 옹호하는 판결을 내렸다. 판결문의 주요 내용은 다음과 같다.

▶ 상업 조항은 "의회가 외국과의, 주와 주 사이, 그리고 인디언 부족과의 상업을 규제한다"고 명시하고 있다. 여기서 '상업'이란 분명히 물품 거래를 의미한다. 하지만 그것에 한정되지 않으며, 교류를 포함한다.

▶ 상업이란 국가와 국가, 그리고 한 국가의 여러 지역 사이에서 이루어지는 상업적 교류 전반을 포함한다. 그리고 그러한 교류를 수행하는 방식을 규율하는 것이 바로 상업 규제의 본질이다. 그리고 상업에 대한 권한은 그 의미 안에 필연적으로 항행을 포함한다. 물자를 운송하는 배가 물길을 따라 이동하는 행위 자체를 빼놓고는 상업을 논할 수 없기 때문이다.

▶ 의회는 주 경계를 넘는 상업 활동인 항행을 규제할 수 있다. 한 주에서 시작되어 다른 주에서 끝나는 상업적 흐름이라면, 그 흐름이 통과하는 주 내부의 물길 역시 연방의 규제 범위에 속한다. 단, 주 내부에 한정되어 주 간 상업에 영향을 미치지 않는 상업은 주정부의 규제 권한 아래 있다.

▶ 의회가 제정한 연안무역법에 따라 발급된 연방 면허와 충돌하는 주의 증기선 독점법은 무효다. 최고법 조항을 근거로, 의회가 제정한 법률은 주 법률에 우선한다. 따라서 연방 법률과 충돌하는 주의 독점법은 그 효력을 상실하며 무효다.

◆ **판결의 의미** : 상업 조항의 범위를 항행을 포함하는 개념으로 확장함으로써, 의회가 주 경계를 넘는 상업적 교류 전반을 규제할 수 있는 길을 열어주었다.

대법원은 헌법에 규정된 '상업'의 의미를 물품의 매매에 한정하지 않고 넓게 해석하여, 의회의 상업 규제 권한을 확장했다. 그 결과, 미국을 주별로 고립된 경제 단위가 아니라 하나의 통합된 단일 시장으로 확대하는 데 중요한 역할을 했다.

의회는 입법권을 대통령에게
백지 위임할 수 있나?

셰크터 가금류 회사 대 미국 정부 :
A.L.A. Schechter Poultry Corp. v. United States(1935)

헌법은 입법권을 의회에 부여했고, 따라서 의회는 그 본질적인 입법 기능을 다른 기관에 이전할 수 없다. 이것이 이른바 위임금지원칙Non-Delegation Doctrine이다.

그러나 모든 형태의 입법 위임이 금지된 것은 아니었다. 웨이먼 대 사우셔드(Wayman v. Southard, 1825) 사건에서 대법원은 의회가 '중요한 사안'은 스스로 결정해야 하지만, 그 집행을 위한 '세부 사항'에 관한 규율 권한은 다른 기관에 맡길 수 있다고 했다. 이후 햄튼 대 미국 정부(J.W. Hampton, Jr. & Co. v. United States, 1928) 판결에서 대법원은, 의회가 위임 대상 기관이 따라야 할 명확한 기준Intelligible Principle을 제시하는 한, 입법 권한의 위임은 헌법에 위반되지 않는다고 보았다. 이 판결은 입법 위임이 허용되는 헌법적 기준을 명시한 판결로 평가된다.

문제는 경제·사회가 급격히 변동하는 비상 상황이나 위기 상황에서, 의회가 대통령에게 구체적 기준 없이 매우 광범위한 규범을 제정할 수 있는 권한을 부여하는 경우다. 이러한 백지 위임은 과연 헌법상 허용될 수 있는가? 이 질문에 답한 사건이 셰크터 가금류 회사 대 미국 정부(1935)였다.

◆ 사건의 배경 : 대공황과 뉴딜 정책, 그리고 정부의 개입 확대

1930년대 초, 미국은 대공황이라는 전례 없는 경제 위기를 겪고 있었다. 기업 파산이 이어지고 실업률은 치솟았으며, 경제 시스템 전체가 마비되었다. 루스벨트(Franklin D. Roosevelt) 대통령은 이 위기를 극복하기 위해 뉴딜 정책을 추진했다. 그 핵심 법률 중 하나가 국가산업부흥법(National Industrial Recovery Act, NIRA)이었다.

NIRA는 산업별로 공정경쟁규약(Codes of Fair Competition) 이라는 규범을 제정하여 가격, 임금, 노동 시간, 거래 관행 등 경제 활동의 세부 규칙을 정부가 정할 수 있도록 했다. 대통령은 각 산업단체가 제출한 규약을 승인하거나, 필요하다고 판단하면 직접 규약을 제정할 수도 있었다. 대통령이 승인한 규약은 법적 구속력을 갖게 되었고, 위반 시 형사 처벌 대상이 되었다. 이는 대통령에게 사실상 입법에 가까운 광범위한 권한을 부여한 것이었다.

이러한 상황에서, 뉴욕 브루클린에서 닭고기 판매업을 하던 셰크터 가금류 회사가 닭고기 취급, 판매 과정과 관련된 여러 규약을 위반했다는 이유로 기소되었다. 그러나 셰크터 가금류 회사는 자신들이 적용받은 규약 자체가 위헌이라고 반박했다.

◆ **핵심 질문** : 의회는 대통령에게 입법권을 포괄적으로 위임할 수 있나?

당사자들은 이렇게 주장했다.

셰크터 가금류 회사 미국 정부

셰크터 가금류 회사

"NIRA는 대통령에게 어떤 규칙을 만들지, 어떤 기준을 사용할지, 어떤 산업을 규율할지에 대해 광범위한 재량을 허용했어. 이는 의회가 대통령에게 사실상 입법권을 넘긴 것과 같아."

"대통령이 승인한 산업 규약은 노동 조건, 위생 규정, 판매 방식까지 직접 강제하는 새로운 규범이야. 이는 '행정 집행'이 아니라 '입법' 행위야."

"비상 상황을 이유로 의회는 대통령에게 무제한 권력을 위임할 수 없고, 대통령도 비상 상황을 이유로 입법권을 행사할 수 없어."

미국 정부

"NIRA는 대공황이라는 비상 상황에서 대통령에게 '산업의 회복, 불공정 경쟁의 제거, 공공의 이익 보호'라는 일반적 정책 목적을 제시했어. 대통령에게 허용한 재량은 백지위임이 아니야."

"대통령은 의회가 설정한 정책 목표를 실현하기 위해 산업 규약을 승인하는 역할을 했을 뿐이야. 이는 '입법'이 아니라 '집행'을 위한 행정적 승인 행위야."

"대공황이라는 비상 상황에서 대통령의 재량은 넓게 인정되어야 해."

◆ 대법원은 이렇게 판결했다 ◆

의회는 명확한 기준 없이 대통령에게 입법권을 포괄적으로 위임할 수 없다.

대법원은 만장일치로 NIRA가 위헌이라고 판결했다. 판결문의 주요 내용은 다음과 같다.

▶ NIRA는 대통령에게 민간 산업단체가 제출한 규약을 승인하거나 수정할 수 있는 권한을 부여했고, 그 범위는 대통령이 산업 전반에 적용될 규범을 사실상 만들 수 있을 정도로 광범위하다. 대통령은 규약을 제출한 단체의 대표성 여부, 독점 형성이나 소규모 사업자 억압 가능성, 그리고 NIRA의 목적 실현에 기여하는지를 판단할 수 있다. 또한, 소비자, 경쟁자, 근로자 보호와 공익 증진을 위해 조건을 부과하거나 예외나 면제를 허용할 수도 있다.

▶ 이러한 권한은 단순한 행정 집행이 아니라, 새로운 규범을 만드는 입법 행위에 해당한다.

▶ 헌법은 입법권을 오직 의회에만 부여하고 있다. 따라서 의회가 자신에게 부여된 본질적인 입법 기능을 포기하거나 다른 기관에 양도하는 것은 허용되지 않는다. 물론 모든 세부 사항을 의회가 직접 규율할 수는 없으므로, 의회는 정책과 기준을 설정하고 그 기준에 따른 세부 사항 규

율은 위임할 수 있다.

▶ 그러나 NIRA는 산업단체가 규약을 제안할 때 따라야 할 실질적이고 구속력 있는 기준을 제시하지 않았다. 그리고 과거 대법원이 합헌으로 보았던 다른 위임들과 달리, 행정기관이 따라야 할 적절한 정책 방향이나 집행 기준도 설정하지 않았다. 이는 행정부에게 사실상 무제한적인 입법 권한을 부여한 것과 다름없다.

◆ **판결의 의미** : 대법원은 의회의 백지 위임과 이에 기초한 대통령의 사실상 입법권 행사에 대한 한계를 설정함으로써, 삼권분립 원칙을 분명히 했다.

이 판결은 의회가 자신의 본질적인 입법 사항을 대통령에게 무제한적으로 위임하는 것은 위임금지원칙에 위배됨을 명확히 했다. 다시 말해, 의회는 정책의 목표와 기준을 스스로 설정해야 하고, 행정부에는 그 기준에 따라 세부 사항을 보조적으로 규율하는 권한만 위임할 수 있음을 확인한 것이다.

또한, 이 판결은 '대통령은 법을 집행할 뿐, 스스로 만들어서는 안 된다'는 권력분립 원칙을 강조했다. 이는 백지 위임을 근거로 대통령 권력이 입법 기능까지 포괄하는 방향으로 확장되는 것을 차단함으로써, 대통령 권한의 한계를 분명히 한 중요한 판결로도 평가된다.

연방의회는 주州 안에서 일어나는 공장 파업도 규제할 수 있나?

전국노동관계위원회(NLRB) 대 존스&라플린 철강회사 :
National Labor Relations Board v. Jones & Laughlin Steel Corp.(1937)

앞서 본 기번스 대 오그덴(1824)에서 대법원은 주州 내에서만 일어나는 상업 활동은 주의 권한으로 남겨두었다. 이후 대법원은 이를 더욱 엄격하게 해석하여, 공장 내부에서 물건을 만드는 생산이나 제조 활동은 물품을 거래하는 상업과는 본질적으로 다르다고 보았다. 이는 주의 규제 영역이라 본 것이다. 즉 공장 문을 넘어 상품이 이동하기 전까지는 연방의 권한이 미칠 수 없다는 논리였다.

그렇다면 공장 내부에서 발생하는 파업이나 노사 갈등은 어떠한가? 이는 분명 특정 주 내에 위치한 공장 안에서 일어나는 사건이다. 위 논리에 따르면, '생산' 과정의 일부일 뿐 '주 간 상업'이 아니므로 연방정부가 개입할 수 없어야 한다. 이에 대한 답을 한 사건이 NLRB 대 존스&라플린 철강회사(1937)였다.

◆ 사건의 배경 : 대공황과 뉴딜 정책

1930년대 미국은 대공황으로 경제 위기를 맞게 된다. 이를 극복하기 위해 루스벨트 대통령은 뉴딜 정책을 추진했다. 그 가운데 하나는 노동자들이 노조를 결성하고 단체교섭을 할 권리를 보장하는 전국노동관계법(National Labor Relations Act of 1935, NLRA)이었다. 이 법을 집행하는 NLRB는 법 위반 기업을 조사하고 시정을 명령할 수 있는 권한을 가졌다.

펜실베이니아주에 본사를 둔 존스&라플린 철강회사는 노조 활동에 관여한 근로자들을 해고했다. 이에 NLRB는 존스&라플린 철강회사가 법을 위반했다고 보고 복직 등 시정 명령을 내렸고, 회사는 이에 불복해 소송을 제기했다. 하급 법원은 노사 관계가 '생산'에 해당하는 주 내에서의 활동이므로, 의회가 상업 조항으로 규제할 수 없다고 판결했다. 이에 NLRB는 대법원에 상고했다.

◆ **핵심 질문** : 의회는 특정 주 내에 위치한 공장의 노사 관계를
규제할 수 있나?

당사자들은 이렇게 주장했다.

NLRB	**VS**	존스&라플린 철강회사
"한 공장에서 생산된 철강이라도 주 경계를 넘어 전국으로 유통되므로 주 간 상업과 밀접하게 연결돼."		"철강 생산은 한 주 내 공장 안에서만 이루어지는 생산 활동이므로 상업이 아니야."
"대규모 철강회사의 파업은 전국 철강 시장에 실질적인 영향을 미치므로, 의회는 상업 조항에 근거하여 이를 규제할 수 있어."		"생산까지 상업으로 규제하면 주정부의 고유 권한 침해야."

◆ **대법원은 이렇게 판결했다** ◆

주 내 활동이라도 주 간 상업에 밀접하고 중대한 영향을 미친다면,
의회가 상업 조항으로 규제할 수 있다.

대법원은 다수의견으로 NLRB의 손을 들어주었다. 판결문

의 주요 내용은 다음과 같다.

▶ 비록 어떤 활동이 겉으로 보기에 한 주 내에서만 이루어
지더라도, 그것이 주 간 상업에 밀접하고 상당한 연관성
을 가지고 있다면, 의회는 그 활동을 규제할 수 있다. 이
는 주 간 상업의 자유로운 흐름을 부담이나 방해로부터
보호하기 위해 해당 규제가 필요하고 적절하기 때문이다.

▶ 주 간 상업의 자유로운 흐름에 직접적이고 중대한 부담
을 주는 모든 행위를 규제하는 것은 의회의 권한 범위 내
에 있다. 그리고 이러한 방해 행위에는 노동쟁의로 인한
생산 중단이 주 간 상업에 중대한 영향을 미치는 경우도
포함된다.

▶ 근로자들이 단순히 공장에서 물품을 생산한다는 사실만
으로, 그 활동이 연방의 규제 대상에서 제외된다고 단정
할 수 없다. 중요한 것은 그 생산 활동이 주 간 상업에 미
치는 영향의 정도다. 따라서 생산 활동이 비록 지역적인
성격을 가지더라도, 그 결과가 주 간 상업의 자유로운 흐
름에 중대한 영향을 미친다면, 이는 의회에 부여된 상업

조항 권한 아래에 놓이게 된다.

◆ **판결의 의미** : 의회의 상업 조항 권한이 미치는 범위를 확대하여 광범위한 분야에서 연방정부의 규제가 가능하도록 한 헌법적 토대를 마련했다.

대법원은 상업 조항에 근거한 연방 규제의 정당성은 형식적으로 상업인지 여부가 아니라, 해당 활동이 주 간 상업의 자유로운 흐름에 미치는 실질적 '효과'를 중심으로 판단해야 한다고 보았다. 이에 따라 노사관계와 같이 공장 내부에서 발생한 문제라 하더라도, 그 효과가 주 간 상업에 직접적이고 중대한 영향을 미치는 경우에는 의회가 상업 조항으로 규제할 수 있음을 분명히 했다.

이 판결은 주 간 상업에 미치는 영향을 기준으로 의회가 공장 내의 노동관계까지 규제할 수 있는 헌법적 근거를 마련한 분기점이 되었다. 나아가 뉴딜 시대의 사회·경제 입법을 정당화하는 계기를 제공하면서, 의회의 상업 조항 권한을 확대하는 방향으로 헌법 해석의 흐름을 전환시켰다는 평가를 받는다. 이후 반세기 동안 상업 조항에 기초한 의회 권한의 확장적 해석은 대법원 판례의 주된 흐름으로 자리잡았다.

대법관 수 조정 계획(Court-Packing Plan)

대공황 극복을 위해 프랭클린 루즈벨트 대통령과 의회는 광범위한 분야에서 뉴딜 정책을 추진했다. 그러나 대법원은 최저임금제, 산업 규제 등 다수의 뉴딜 법안이 연방정부에 허용된 권한을 넘어선다며 연이어 위헌 판결을 내렸다.

이러한 대법원의 태도는 1937년 NLRB 대 존스&라플린 철강회사 사건을 전후로 전환점을 맞이했다. 이 시기부터 대법원은 뉴딜 입법을 보다 폭넓게 합헌으로 인정하기 시작했다. 루즈벨트 대통령이 제안한 대법관 수 조정 계획(Court-Packing Plan)은 이러한 판례 변화의 이유 중 하나로 지목된다.

연이은 뉴딜 법안 위헌 판결에 대응하여 루즈벨트 대통령은 고령의 대법관이 퇴임하지 않을 경우 추가 대법관을 임명할 수 있는 법안의 입법을 의회에 제안했다. 이는 결과적으로 대통령이 새로운 대법관을 임명할 수 있는 길을 열어, 대법원의 구성을 변화시키려는 시도였다.

이 법안은 결국 의회의 동의를 얻지 못해 입법되지는 않았다. 그럼에도 불구하고, 대법원은 이를 전후로 헌법 해석의 방향을 전환했고, 따라서 이는 사법부가 정치적·제도적 압박을 의식한 결과라는 평가를 받아왔다.

의회는 단원으로 행정부의 행정 결정을 무효화할 수 있나?

이민귀화국(INS) 대 차다 : Immigration and Naturalization Service v. Chadha(1983)

헌법은 법률 제정 절차를 명시하고 있다(제1조 제7항). 이에 의하면 법률안은 상원과 하원 중 하나의 원, 즉 단원이 아닌 양원에서 통과되어야 하며, 이후 법률은 대통령에게 제출된다. 대통령은 제출된 법률안을 승인하거나, 거부권을 행사하여 의회로 되돌려보낼 수 있다. 만약 대통령이 거부권을 행사할 경우, 의회는 양원에서 재의결하여 거부권을 무력화하고 법률로 확정시킬 수 있다.

그런데 의회가 법률을 제정하고, 행정부가 그 법률에 근거해 어떤 결정을 내렸다고 가정해 보자. 이런 경우 의회는 나중에 그 행정부 결정을 법률 제정 절차를 거치지 않고 무효화할 수 있을까? INS 대 차다(1983)는 이 질문에 답한다.

인도계 유학생 차다(Jagdish Rai Chadha)는 체류 자격 만료로 추방 대상이 되었다. 그러나 그는 본국 송환 시 중대한 곤경에 빠질 것이라고 주장했다. 당시 이민 및 국적법(Immigration and Nationality Act, INA)은 이런 사정을 가진 외국인에 대해 법무부 소속 INS가 추방 정지를 승인할 수 있게 했다. INS가 그 승인 요건이 충족되었음을 의회에 보고하면 효력이 확정된다.

그런데 INA에는 상원 또는 하원 중 하나의 원이 행정부의 행정 결정을 무효화할 수 있는 '단원 거부 장치One-House Veto'를 규정해 놓았다. 즉, INS가 특정 외국인에 대한 추방 정지를 승인해 의회에 보고하면, 상원이나 하원 중 하나가 반대를 결의할 수 있었다. 그러면 그 즉시 해당 결정은 무효가 되고, 당사자는 다시 추방 대상이 되었다.

차다 사건은 실제로 이 같은 일이 벌어진 경우였다. INS는 추방 정지를 승인했고, 이를 의회에 보고했다. 그런데 하원은 반대를 결의하여 INS의 결정을 무효화했다. 그 결과 차다는 다시 추방 명령을 받았다. 이에 차다는 INA의 단원 거부 장치가 위헌이라고 하면서 소송을 제기했다. 하급 법원은 차다의 손을 들어주었다. 그러나 의회는 이에 불복했고, 결국 이 사건은 대법원으로 올라갔다.

◆ **핵심 질문** : 의회는 헌법이 정한 법률 제정 절차를 거치지 않고, 단원의 결의만으로 행정부의 행정 결정을 무효화할 수 있는가?

당사자들은 이렇게 주장했다.

INS **VS** 차다

INS

"의회는 행정부에 위임한 권한이 헌법과 법률의 범위를 벗어나지 않도록 사후적으로 통제할 수 있어."

"단원 거부는 위임한 권한 행사를 감시하기 위한 효율적인 수단이야."

차다

"단원 거부는 헌법이 정한 법률 제정 절차를 위반한 거야."

"입법부가 사후적으로 행정 결정을 뒤집는 건 행정부의 독립적 권한 행사를 침해해. 삼권분립 위반이야."

◆ 대법원은 이렇게 판결했다 ◆

의회는 헌법이 정한 법률 제정 절차를 거치지 않고, 행정부가 법률에 따라 내린 행정 결정을 무효화할 수 없다.

대법원은 다수의견으로 의회의 단원 거부가 헌법에 위배된다고 판결했다. 판결문의 주요 내용은 다음과 같다.

▶ 헌법은 제1조 제7항에서 법률 제정 절차를 규정하고 있다. 즉, 법률안은 상·하 양원을 통과해야 하고, 대통령에게 제출되어 승인 또는 거부 절차를 거쳐야 한다.

▶ 하원의 단원 거부를 통한 행정 결정 무효 행사는, 행정부가 법률에 따라 이미 내린 행정 결정을 의회가 뒤집는 것이다. 이는 단순한 행정 감독이 아니라, 개인의 법적 권리와 의무를 변경하는 목적과 효과를 가지는 입법 행위다. 따라서, 헌법이 정한 법률 제정 절차를 따라야 한다.

▶ 의회가 행정부에 위임한 권한을 수정하거나 철회하고자 할 경우, 반드시 헌법이 정한 법률 제정 절차를 따라야 한다. 의회는 입법 절차를 거치지 않고서는 법률에 근거한 행정부의 행정 결정에 직접 개입할 수 없다.

◆ **판결의 의미** : 의회가 행정부에 한 번 위임한 권한을 입법 절차 없이 단원 거부만으로 무효화하는 것은 행정권에 대한 침해임을 분명히 했다.

대법원은 의회가 행정부의 결정을 변경하거나 무효화하려

면, 반드시 헌법이 정한 입법 절차를 거쳐야 한다는 원칙을 확립했다. 이는 입법과 행정의 경계를 명확히 구분한 것이다.

이 판결을 통해 대법원은 삼권분립에서 법을 만드는 권력과 법을 집행하는 권력은 제도적으로 구별되어야 하며, 입법부가 집행 결과에 직접 개입할 수 없다는 헌법 원리를 구체화했다.

그 결과, 이 판결 이후 연방 법률에 광범위하게 포함되어 있던 의회의 행정 결정에 대한 의회 거부권Legislative Veto이 대부분 폐지되거나 실질적으로 효력을 상실하게 되었다.

의회는 행정부의 예산 집행에 개입할 수 있나?

바우셔 대 사이너 : Bowsher v. Synar(1986)

의회는 법을 만들어 예산을 승인하지만, 그 예산을 실제로 쓰고 관리하는 것은 대통령과 행정부의 몫이다. 만약 의회가 법률로 "우리가 정한 대로 예산을 줄이지 않으면, 예산을 강제로 삭감할 거야!"라고 할 수 있을까? 바우셔 대 사이너(1986)는 의회가 행정부의 권한을 행사할 수 있는지를 보여주는 중요한 판례다.

◆ 사건의 배경 : 만성 적자 해결을 위한 자동예산삭감법

이 사건의 배경은 1980년대 미국의 심각한 재정 적자 시기다. 이 문제를 해결하기 위해 의회는 1985년 균형예산 및 긴급 적자 통제법(Balanced Budget and Emergency Deficit Control Act,

BBEDC)을 만들었다. 그 목적은 일정 기간 동안 적자 감축 목표를 정하고, 행정부가 이 목표를 달성하지 못하는 경우, 일괄 예산 삭감이 이루어지도록 했다. 문제는 이 법이 일괄 삭감 권한을 회계감사원(Government Accountability Office)의 수장인 회계감사원장(Comptroller General)에게 부여했다는 것이었다. 회계감사원장이 삭감 규모를 확정하여 대통령에게 보고하면, 대통령은 그대로 삭감 집행을 실행해야 하는 구조였다.

회계감사원은 1921년 예산회계법으로 설치된 의회 산하기관으로, 정부 지출에 대한 감사, 행정기관 운영 평가, 정부 행위의 위법성 감사 등을 수행한다. 회계감사원장은 15년 임기로, 의회가 추천한 3명 중에서 대통령이 상원의 동의를 얻어 임명하고, 의회만이 탄핵 또는 결의로 해임할 수 있다.

사이너(Mike Synar)를 비롯한 다수 하원의원들과 공무원 노조 등은 이 법이 위헌이라며 당시 회계감사원장 보우셔(Charles A. Bowsher)를 상대로 소송을 제기했다. 의회가 해임권을 가지고 있는 회계감사원장이 행정부의 예산 집행 권한을 행사하는 것이 권력분립 원칙에 위배된다는 것이었다.

◆ **핵심 질문** : 의회가 해임할 수 있는 사람에게 행정부의 집행 권<u>한을 맡길 수 있나?</u>

당사자들은 이렇게 주장했다.

보우셔 사이너

"심각한 재정 적자는 국가적 위기 상황이야. 이를 해결하기 위한 강력한 재정 통제 장치가 필요해."

"회계감사원장은 법률이 정한 결산과 보고 절차를 수행할 뿐, 행정권을 행사하지 않아. 그래서 합헌이야."

"헌법은 법률을 집행하는 권한을 대통령에게 부여했어. 의회에 종속된 회계감사원장에게 예산 삭감 집행에 관한 권한을 주는 건 행정부 권한 침해야."

◆ 대법원은 이렇게 판결했다 ◆

예산 삭감의 결정과 집행은 본질적으로 행정권의 행사다.
입법부는 행정권을 행사하거나, 그 집행을 지휘·통제할 수 없다.

대법원은 다수의견으로 BBEDC의 일괄 예산 삭감 조항이 위헌이라고 판결했다. 판결문의 주요 내용은 다음과 같다.

▶ BBEDC는 회계감사원장에게 최종 예산 삭감 규모를 산정·확정하도록 하고 있다. 예산 삭감액을 계산하고 각 정부 부처에 삭감을 지시하는 것은 명백히 법률 집행 단계의 기능에 해당한다. 따라서 이는 예산 삭감의 최종 집행 권한을 대통령이 아닌 회계감사원장에게 부여한 것이다.

▶ 헌법은 의회에 법률 집행 권한을 부여하지 않았다. 회계감사원장이 의회의 결의에 의해 해임될 수 있다는 점에서 그는 입법부의 통제 아래 있는 공직자다. 회계감사원장은 대통령이 지명하고 상원이 인준하지만, 해임은 의회의 주도로만 가능하다. 그는 탄핵뿐 아니라 의회의 공동 결의로도 '언제든' 해임될 수 있다. 그는 행정부로부터 독립된 회계감사원의 수장이며, 의회는 지속적으로 그를 입법부 소속 공무원으로 인식해 왔다. 따라서 그에게 행정권을 맡기는 것은 의회가 사실상 법 집행을 지휘·통제하는 구조를 만드는 것이다. 이는 행정부 기능에 대한 침해로써 위헌이다.

◆ **판결의 의미** : 의회가 주도적으로 임명하거나 해임할 수 있는 공무원에게 행정권을 부여하는 것은 삼권분립에 위배된다는 점

을 명확히 했다.

대법원은 행정권이 대통령의 지휘 아래에서만 행사되어야 한다는 헌법 원칙을 재확인했다. 의회는 법률을 제정하고 예산을 승인할 수는 있지만, 그 법률의 구체적 집행 과정에 직접 개입할 수는 없다는 것이다.

아울러 대법원은 의회가 정부 예산을 통제하는 권한을 가지고 있더라도, 그것은 헌법이 정한 범위 안에서만 행사되어야 함을 분명히 했다. 따라서 의회는 행정부의 핵심 집행 기능을 직접 수행할 수 없다. 또한, 의회가 통제할 수 있는 인물에게 그 집행 권한을 위임함으로써 사실상 법 집행을 장악하는 구조를 만들 수 없다는 점도 명확히 했다.

의회는 학교에서의 총기 소지를 금지할 수 있나?

미국 정부 대 로페즈 : United States v. Lopez(1995)

앞서 본 NLRB 대 존스&라플린 철강회사 사건(1937)에서 대법원은 비록 어떤 활동이 형식적으로는 주 내부에서 이루어지더라도, 그것이 주 간 상업에 밀접하고 중대한 영향을 미친다면 연방정부가 개입할 수 있다는 원칙을 확립했다. 이후 반세기 동안 대법원은 이러한 논리를 바탕으로 상업 조항을 폭넓게 해석하여, 의회가 경제·노동·사회 영역 전반에 걸쳐 광범위한 규제를 할 수 있도록 허용해 왔다.

그렇다면 이러한 논리는 어디까지 확장될 수 있는가? 학교 구역 내에서의 총기 소지와 같은 행위 역시, 그 효과를 이유로 상업 조항의 규제 대상이 될 수 있을까? 이 질문에 대해 대법원이 명확한 한계를 제시한 판례가 미국 정부 대 로페즈(1995)다.

◆ 사건의 배경 : 학교 구역 내 총기 소지 금지 법률

1990년 의회는 학교 구역 내 총기소지금지법(Gun-Free School Zones Act, GFSZA)을 제정했다. 이 법은 학교 구역 안에서 총기를 소지하는 것을 연방 범죄로 규정했다. 그 목적은 학교를 안전하게 만들고 교육 환경을 보호하기 위함이었다.

텍사스주 샌안토니오에 사는 로페즈(Alfonso Lopez Jr.)는 학교 안에서 총기를 휴대했다는 이유로 이 법에 따라 체포·기소되었다. 이에 로페즈는 "의회가 이 법을 만들 권한이 없다"고 주장했다. 의회가 입법 근거로 삼은 상업 조항이 학교 구역 내 총기 소지와는 아무런 관련이 없다는 것이었다.

반면, 연방정부는 학교 내 총기 소지가 폭력을 유발하고 교육의 질을 떨어뜨려 결국 국가 생산성과 경제에 부정적인 영향을 미친다고 주장했다. 그러므로 상업 조항에 따라 규제할 수 있다고 했다.

◆ **핵심 질문** : 의회는 학교 내 총기 소지를 상업 조항으로 규제할 수 있나?

당사자들은 이렇게 주장했다.

미국 정부 **VS** **로페즈**

"학교 구역 내 총기 소지는 폭력 범죄를 증가시키고 교육 환경을 악화시켜, 장기적으로 국가의 생산성과 경제에 부정적인 영향을 미쳐."

"그래서 의회는 상업 조항에 근거해 규제할 수 있어."

"학교 구역 내 총기 소지는 상업 활동도, 경제활동도 아니야."

"교육과 범죄 규제는 전통적으로 주州의 고유 권한이야. 연방정부가 상업 조항으로 규제할 수 없어."

◆ **대법원은 이렇게 판결했다** ◆

학교 구역 내 총기 소지는 상업에 상당한 영향을 미칠 수 있는 경제활동이 아니다.

대법원은 다수의견으로 GFSZA가 위헌이라고 판결했다. 판결문의 주요 내용은 다음과 같다.

▶ 상업 조항은 세 가지의 범주에 대해 규제를 허용한다. 이는 (1)주 간 상업의 통로, (2)주 간 상업의 수단·사람·사물, (3)주 간 상업에 상당한 영향을 미치는 활동이다. 학교 구역 내 총기 소지는 이 세 범주 중 어느 하나에도 해당하지 않는다.

▶ GFSZA는 주 간 상업의 통로 사용에 대한 규제가 아니며, 주 간 상업의 수단이나 그 자체를 규제하는 법률도 아니다. 또한, 주 간 상업에 상당한 영향을 미치는 활동에 대한 규제로 정당화될 수도 없다. 이 법은 본질적으로 형법이며, '상업'이나 어떠한 종류의 '경제활동'과도 직접적인 관련이 없다.

▶ 학교 구역 내 총기 소지 행위가 주 간 상업에 상당한 영향을 미친다는 주장을 받아들이는 것은, 법원이 추론 위에 또 다른 추론을 쌓아 올리도록 요구하는 것이다. 우리는 그러한 방식의 논증을 받아들일 의사가 없다. 만약 연방정부의 논리를 인정한다면, 의회가 규제할 수 없는 개인의 행위는 사실상 거의 존재하지 않게 된다.

▶ 연방정부가 제시한 '범죄의 사회적 비용'이나 '국가 생산성' 논리를 따른다면, 의회는 모든 폭력 범죄뿐 아니라 폭력 범죄로 이어질 수 있는 거의 모든 활동까지도 규제할 수 있게 된다. 이는 상업 조항에 근거한 의회의 권한을, 주가 보유하고 있는 일반적 경찰권과 다르지 않은 것으로 만드는 결과를 초래한다.

◆ **판결의 의미** : 확대되어 가던 의회의 상업 조항 권한에 대해 사법부가 제동을 걸었다.

이 판결은 상업 조항에 기반한 의회의 권한 행사에 한계를 설정함으로써, 입법부를 견제한 역사적 전환점으로 평가된다. 1937년 NLRB 대 존스&라플린 철강회사 판결 이후 지속되어 온 상업 조항 해석의 확장 흐름에 대해, 대법원이 약 60년 만에 처음으로 명시적인 한계선을 그었기 때문이다.

또한, 이 판결은 주가 보유하는 일반 경찰권을 의회가 상업 조항을 통해 잠식할 수 없으며, 주 간 상업과 충분한 관련성이 없는 비경제적 활동은 의회가 상업 조항에 근거하여 규제할 수 없음을 재확인하는 계기가 되었다.

의회는 개인의 건강보험 가입을 의무화할 수 있나?

전미자영업연맹(NFIB) 대 세벨리우스 : National Federation of
Independent Business v. Sebelius(2012)

한 주州 내에서 일어나는 활동이라도 주 간 상업의 자유로운 흐름에 중대한 영향을 미치면, 의회는 상업 조항으로 규제할 수 있다. 그렇다면, 어떤 개인이 특정한 활동을 하지 않는 것까지도 의회는 규제할 수 있을까? 예를 들어, 건강보험을 가입하지 않는 것이 주 간 상업에 중대한 영향을 미친다는 이유만으로, 의회는 개인에게 건강보험 가입을 의무화할 수 있을까? NFIB 대 세벨리우스(2012)를 통해 이를 알아보자.

◆ 사건의 배경 : 오바마케어의 입법

2010년 오바마(Barack Obama) 대통령은 미국 내 수많은 비보험자 문제를 해결하고 의료비를 낮추기 위해 일명 오바마케어라고 불리는 환자보호 및 부담적정보험법(Patient Protection and Affordable Care Act, PPACA)을 통과시켰다.

문제가 된 것 중 하나는 이 법안에 포함된 개인의무가입 규정이었다. 이 규정은 건강보험이 없는 대부분의 미국인들에게 건강보험 가입을 의무화하고, 이를 어길 시 벌금을 내도록 했다. 벌금은 개인의 세금과 같은 방식으로 부과·납부 되었다. 의회는 이것이 상업 조항에 근거한다고 주장했다.

그러나 연방정부는 국민에 대해 너무 많은 권한을 행사한다는 비판을 받았다. 이에 NFIB 등은 이 법이 헌법이 부여한 의회의 권한을 넘어섰다며 보건복지부 장관 세벨리우스(Kathleen Sebelius)를 상대로 소송을 제기했다.

◆ 핵심 질문 : 의회는 개인에게 건강보험 가입을 강제할 수 있는가?

당사자들은 이렇게 주장했다.

NFIB **VS** **세벨리우스**

"건강보험에 가입하지 않는 선택은 상업 활동이 아니야. 의회가 개인에게 시장에 '들어오라'고 강제할 수는 없어."

"건강보험에 가입하지 않는 선택도 전국 의료시장에 실질적인 영향을 미치므로 상업 조항으로 규제할 수 있어."

◆ 대법원은 이렇게 판결했다 ◆

개인 의무가입 조항은 상업 조항에 근거해서는 위헌이지만, 조세권에 근거해서는 합헌이다.

대법원은 오바마케어의 개인 의무가입 규정에 대해 다수의 견으로 합헌을 선언했다. 그런데 그 근거는 상업 조항이 아니라 헌법에서 규정하고 있는 의회의 또 다른 권한인 조세권이었다. 판결문의 주요 내용은 다음과 같다.

▶ 개인 의무가입 규정은 상업 조항에 근거해서는 위헌이다. 상업 조항은 이미 이루어지고 있는 경제적 활동Activity을 규제하는 권한이다. 그러나 개인의무가입 규정은 상업 활동을 규제하는 것이 아니라, 아무런 시장 활동에 참여하지 않은 상태, 즉 비활동Inactivity을 규제하는 것이다. 이는 건강보험에 가입하지 않은 개인이 장차 의료 시장에 영향을 미칠 수 있다는 이유로 시장 참여 자체를 강제하는 것이다. 따라서 개인의무가입 규정은 상업 조항의 범위를 넘어선다.

▶ 상업 조항이 비활동을 규제할 수 있도록 하는 것은, 의회 권력의 전례 없는 확대 가능성을 열어주는 일이다. 만약 상당수의 사람이 '상품X'를 사지 않는 것이 주 간 상업에 영향을 미친다는 사실을 근거로 의회가 사람들에게 그 상품을 사라고 명령할 수 있다고 가정해 보자. 그렇다면 그것은 의회가 요람에서 무덤까지 사람들과 그들의 활동을 규제할 수 있도록 허용하는 것이 될 것이다.

▶ 그러나 개인 의무가입 조항은 조세권에 근거해서는 합헌이다. 미가입자에게 부과되는 금전적 부담은 PPACA에

'벌금'으로 표현되어 있지만, 실질적으로는 세금의 성격을 가진다. 개인의무가입 대상자들은 건강보험 가입을 포기할 수 있으며, 대신 그에 따른 재정적 결과(세금)를 공동부담하면 된다. 즉, 보험 미가입 시 내는 벌금은, 건강보험을 가입하지 않기로 한 개인의 선택에 대해 부과되는 세금이다. 그리고 이것은 연방정부의 조세권 범위 내에 있다.

◆ **판결의 의미** : 사법부가 의회의 개별적 입법 권한에 대한 해석을 명확히 한 사례다.

대법원은 상업 조항이 이미 존재하는 경제활동을 규제할 권한을 부여하는 조항일 뿐, 시장 활동에 참여하지 않은 개인에게 새로운 경제활동을 강제할 수 있는 권한까지 포함하지는 않는다고 보았다. 즉, 상업 조항은 비활동을 규제 대상으로 삼을 수 없다는 해석을 분명히 한 것이다.

동시에 대법원은 동일한 개인 의무가입 규정을 조세권에 근거해서는 합헌으로 인정함으로써, 의회의 입법권을 전면적으로 부정하거나 축소하지는 않았다. 대신, 어떤 헌법적 권한에 근거해 입법이 이루어지는가에 따라 그 합헌성이 달라질 수 있음을 분명히 했다.

　이 판결은 결과적으로 의회의 정책 목표 자체를 문제 삼기보다는, 헌법이 허용한 수단과 허용하지 않는 수단을 엄격히 구분함으로써 입법권의 행사 방식에 중요한 제약을 가했다. 즉, 의회는 목적이 아무리 정당하더라도 헌법이 허용한 방식으로만 정책을 실행할 수 있다는 원칙을 확인한 것이다.

2. 헌법이 정한 의회 의원의 자격 요건은 변경될 수 있나?

헌법 설계자들은 공화정의 정당성이 국민의 동의에서 나온다고 보았다. 그리고 의회는 국민이 동의한 질서를 입법으로 구현하는 기관이라 이해했다. 매디슨은 하원이 선거를 통해 선출된 국민의 대표로 구성되는 만큼, 특정한 신분이나 재산 같은 배타적 기준으로 닫혀 있어서는 안 된다는 점을 강조했다(《페더럴리스트》 52번). 그는 대표를 정기적으로 선출해야 하고, 또한 그 문턱을 불필요하게 높이지 않아야 그 대표성과 정당성을 확보할 수 있다고 보았다.

이에 따라 헌법은 의원 자격 요건을 최소한으로만 규정했다. 그 요건은 다음과 같이 단순하다.

•하원의원(제1조 제2항): 만 25세 이상, 7년 이상 미국 시민,

선출 시 해당 주 거주

• 상원의원(제1조 제3항): 만 30세 이상, 9년 이상 미국 시민, 선출 시 해당 주 거주

헌법 제정 이후 의회 의원, 특히 하원의원의 자격 요건을 추가로 제한하려는 시도가 있었다. 그러나 대법원은 헌법이 열거한 요건이 의원 자격의 기준임을 명확히 확인했다. 즉, 대법원은 헌법 해석을 통해 헌법 설계자들의 기본 구상을 뒷받침했다.

이제 대법원이 어떤 근거와 논리로 헌법 설계자들의 구상을 뒷받침했는지 살펴보자.

의회는 당선된 의원을 배제할 수 있나?

파월 대 맥코맥: Powell v. McCormack(1969)

헌법은 의원의 자격에 나이, 시민권, 거주지 관련 요건만 규정하고 있다. 그러나 이 요건을 모두 갖춘 사람이지만, 의회가 "우리는 그 사람이 마음에 들지 않아!" 하는 이유로 의원이 되는 것을 막을 수 있을까? 또한, 도덕성에 문제가 있다면 막을 수 있을까? 파월 대 맥코맥(1969)은 바로 이 질문에 답을 내놓았다.

◆ **사건의 배경 : 하원의원이 되었지만 입장조차 못한 사람**

1966년 선거에서 파월(Adam Clayton Powell Jr.)은 뉴욕주에서 연방 하원의원으로 재선되었다. 그는 이미 여러 차례 당선된 인기 있는 정치인으로, 1940년대부터 흑인 인권과 교육 기회의 평등을 위해 목소리를 높여왔다. 그런데 1966년 파월은 공금 유용, 법정 모독, 불법 급여 지급 등 비위 혐의로 하원의 조사를 받았다.

하원은 파월의 행위가 하원의 존엄성과 공공 신뢰를 훼손했다고 판단했다. 그리고 그러한 이유로 1967년 제90대 의회 개원과 함께 파월의 의원 자격을 배제하는 결의안을 채택했다. 하원은 헌법 제1조 제5항에 따라 "그 소속 의원의 당선, 득표수 및 자격을 판정"할 수 있다고 주장했다. 즉, 하원은 소속 의원에 대한 자격 심사권이 있다고 보았던 것이다.

이에 파월은 "나는 선거에서 뉴욕 주민들로부터 정당하게 뽑혔으므로 하원이 나를 배제하는 것은 부당하다"라며 하원 의장 맥코맥(John W. McCormack)과 하원 관계자들을 상대로 소송을 제기했다. 그는 특히 헌법에 명시된 하원의원의 자격 요건을 모두 충족했으므로, 다른 이유로 자신을 배제할 수 없다고 주장했다.

하급 법원은 이 사안을 의원의 자격과 관련된 정치적 문제로 보아 법원이 간섭할 수 없다고 하며 소송을 각하했다. 이에 파월은 대법원에 상고했다.

◆ **핵심 질문** : 의회는 헌법이 명시한 자격 요건을 충족한 의원을 배제할 권한을 가지는가?

당사자들은 이렇게 주장했다.

파월	**VS**	맥코맥

파월

"헌법은 의원 자격 요건을 명확히 열거하고 있어."

"의회가 헌법에 없는 추가적인 자격 요건으로 당선자를 배제하는 것은, 국민의 선택을 의회가 무시하는 거야."

맥코맥

"헌법은 하원에게 소속 의원의 자격을 판정할 권한을 줬어."

"파월은 의회의 품위와 기능을 해칠 정도로 부적절하게 행동했어. 이런 인물을 배제하지 않으면 의회에 대한 국민의 신뢰가 무너질 수 있어."

◆ **대법원은 이렇게 판결했다** ◆

의회는 헌법에 명시된 자격 요건 외의 이유로 적법하게 선출된 의원을 배제할 수 없다.

대법원은 다수의견으로 하원이 파월을 배제한 결정은 위헌이라 판결했다. 판결문의 주요 내용은 다음과 같다.

▶ 하원은 헌법이 명시한 모든 자격 요건을 충족하고 자신의 선거구민에 의해 적법하게 선출된 사람에게 의석을 부여하지 않을 수 없다. 헌법은 하원에게 그러한 권한을 부여하지 않았다.

▶ 하원의 구성원에 대한 자격 심사권은 헌법에 명시된 자격 요건을 충족했는지 여부에 대한 판단으로 한정된다.

▶ 헌법에 명시된 자격 요건 외의 이유로 당선인에게 의석을 부여하지 않는 것은, 국민이 자신들을 대표할 자를 자유롭게 선택할 권리를 침해하는 것이다.

▶ 우리 대의제 민주주의의 근본 원칙은, 해밀턴이 강조했듯이 '국민은 자신들을 다스릴 자를 스스로 선택해야 한다'는 데에 있다.

◆ **판결의 의미** : 의회는 헌법에 규정된 의원 자격 요건을 변경하거나 확장할 수 없음을 명확히 했다.

대법원은 헌법에 열거된 자격 요건이 의원이 되기 위한 유

일하고 배타적인 기준임을 확인했다. 이에 따라 의회는 헌법이
정한 기준 외의 사유를 들어 적법하게 선출된 의원에게 의석
을 부여하지 않을 수 없다는 점을 분명히 했다.

주는 연방의회 의원의 임기를 제한할 수 있나?

임기제한법인(USTL) 대 손턴 : U.S. Term Limits, Inc. v. Thornton(1995)

앞서 본 파월 대 맥코맥(1969)을 통해 우리는 의회가 헌법에 명시된 의원 요건에 다른 것을 더할 수 없음을 알았다. 그렇다면, 각 주는 연방의회 의원 자격 요건에 임기제한을 추가할 수 있을까? USTL 대 손턴(1995)을 통해 알아보자.

◆ 사건의 배경 : 아칸소주의 임기제한과 의원의 반발

1990년대 초 연방의회의원의 임기제한 운동이 전국적으로 확산되었다. 이는 정치인들이 너무 오랫동안 자리를 지키는 것을 막고, 새로운 인물에게 기회를 주기 위함이었다. 또한, 부패를 줄이는 것도 그 목표 중 하나였다. USTL은 그즈음 설립된 임기제한 운동을 하는 비영리 단체였다.

아칸소주도 이 운동에 동참했다. 아칸소주는 주민투표로 주헌법을 개정했다. 이를 통해 연방하원의원은 최대 3번, 연방상원의원은 최대 2번까지만 당선될 수 있게 했다. 당시 아칸소주의 연방하원의원이었던 손턴(Ray Thornton)은 이 개정헌법으로인해 다음 선거에 출마할 수 없게 되자 소송을 제기했다. 그는 "헌법이 정한 연방의회의원 자격 외에 주州가 추가적인 요건을 부과하는 것은 위헌"이라고 주장했다.

USTL은 아칸소주의 개정헌법이 연방헌법에 부합한다고 주장했다. 그 근거로는 연방헌법이 주가 추가적으로 자격을 설정하는 것을 명시적으로 금지하고 있지 않다는 점, 그리고 주의 주민들은 자신들이 원하는 연방의회의원을 선출할 권리가 있다는 점을 들었다.

이 문제는 결국 대법원까지 가게 되었다.

◆ **핵심 질문** : 주州는 연방헌법이 명시한 연방의회의원 자격 요건에 '임기제한'을 추가할 수 있나?

당사자들은 이렇게 주장했다.

USTL **VS** **손턴**

"주는 자기 주의 선거 과정에서 주민들의 대표를 어떻게 선출할지 정할 자율성이 있어."

"임기제한은 자격 요건이 아니라 주가 정할 수 있는 선거 규칙에 해당 돼."

"주는 연방헌법에 명시되지 않은 연방의원 자격 요건을 추가할 수 없어."

"각 주가 임기제한을 마음대로 추가하면 연방의회의 구성 기준이 주마다 달라져서, 하나의 통일된 연방의회를 유지할 수 없게 돼."

◆ **대법원은 이렇게 판결했다** ◆

주는 연방헌법이 규정한 연방의회 의원 자격 요건 이외에 다른 기준을 추가할 수 없다.

대법원은 다수의견으로 아칸소주의 개정헌법이 연방헌법 위반이라고 판결했다. 판결문의 주요 내용은 다음과 같다.

▶ 헌법에 규정된 연방의회 의원의 자격 요건은 배타적이며 유일한 기준이다. 주는 그 요건을 변경하거나 다른 것을 추가할 수 없다.

▶ 각 주가 자신들의 방식대로 연방의회 의원 자격을 정하도록 허용한다면, 이는 헌법 설계자들이 '보다 완전한 연방'을 만들기 위해 설계한 구조를 훼손하게 된다. 연방의회 의원 자격 요건을 바꾸려면, 헌법 그 자체를 개정해야 한다.

◆ **판결의 의미** : 헌법이 정한 연방의회 의원 자격 요건이 유일하고 배타적임을 재확인함으로써, 연방의회의 통일성을 유지하는 데 기여했다.

대법원은 각 주가 자체적으로 연방의회 의원에게 임기제한과 같은 다른 요건을 추가할 수 없음을 분명히 했다. 그 결과 연방의회 의원의 자격은 오직 헌법이 정한 기준에 의해서만 결정된다는 원칙을 확인했다.

ARCHITECT OF THE
CONSTITUTION

04

대법원 판례로 본
사법부 권력

1. 사법부 독립성, 어떻게 지켜졌나?

헌법 설계자들은 사법부를 단순한 분쟁 해결 기관을 넘어 헌법 질서를 수호하는 독립된 판단 기관으로 구상했다. 해밀턴이 <페더럴리스트> 78번에서 강조했듯이, 사법부는 '판단'의 힘으로만 존재하는 기관이었다. 따라서 그 판단이 정치적 압력으로부터 독립적이고 자유로울 수 있어야 헌법은 실질적인 구속력을 갖게 된다고 보았다.

이러한 문제의식 속에서 헌법 설계자들은 사법부 구상에 있어서 제도적 독립성이 가장 핵심적인 요소였다. 헌법은 사법부 존재 자체 및 대법원 존재를 직접 규정하여, 의회의 통제로부터 독립된 사법부의 제도적 기반을 마련했다. 또한, 법관에게 종신 임기와 보수 감액 금지라는 강력한 신분 보장 장치를 부여했다. 이는 입법부와 행정부가 인사권이나 예산권을 수단으로 사법부에 영향력을 행사하지 못하도록 차단한 것이었다.

그러나 사법부의 독립성은 이러한 헌법 조항만으로 자동적으로 보장되는 것은 아니었다. 해밀턴이 설명한 것처럼, 규제 및 재정권을 가진 입법부 그리고 강력한 집행권을 가진 행정부와 달리, 사법부는 판단에만 의존한 가장 약한 권력이었다. 실제 역사 속에서 사법부는 입법부의 입법을 통한 개입이나 행정부의 정치적 압력에 직면해야 했다. 따라서 사법부는 입법부와 행정부로부터 실질적인 독립성을 보장받기 위한 제도적 장치가 필요했다. 그것은 역시 재판과 판결을 통한 판단의 힘이었다.

여기에서는 건국 초기 '약한 권력'이었던 사법부가 어떻게 실질적인 독립성을 확보해 왔는지를 보여주는 사례들을 소개하고자 한다.

누가 헌법의 최종 심판관인가?

마버리 대 매디슨 : Marbury v. Madison(1803)

만약 의회가 헌법에 어긋나는 법을 만들거나 대통령이 헌법에 위배되는 명령을 내리면, 누가 이를 막을 수 있을까? 우리는 이미 그 답을 알고 있다. 사법부다. 헌법 설계자들은 이를 사법부의 역할로 구상했다. 그들은 입법부가 제정한 법률이 헌법과 충돌할 때, 사법부가 그 법률을 무효로 해야 한다고 강조했다. 이것이 바로 사법심사다.

하지만 앞서 언급했듯이, 헌법에는 사법심사 권한에 대한 명시적인 규정이 없다. 사법심사는 오직 대법원 판례에 의해 확립된 헌법 원칙이다. 그 역사적 판례가 마버리 대 매디슨(1803)이다. 대법원은 이 사건을 통해 의회의 법률이나 대통령의 명령이 헌법에 위배되는지 판단하고 무효화할 수 있는 사법심사 권한이 사법부에 있음을 분명히 선언했다.

◆ 사건의 배경 : 1800년 대통령 선거와 정권 교체

1800년 대통령 선거에서 연방당의 현직 대통령 애덤스(John Adams)를 누르고, 민주공화당 제퍼슨(Thomas Jefferson) 후보가 대통령에 당선되었다. 같은 시기에 치러진 하원 선거에서도 민주공화당이 승리했다. 그 결과, 민주공화당은 행정부와 입법부를 모두 장악하게 되었다.

선거에서 패배한 애덤스 대통령과 연방당은 사법부에서라도 영향력을 유지하고자 했다. 즉, 다수의 법관직을 신설해서 자신에게 우호적인 인사들로 그 자리를 채우려고 했던 것이다. 그 일환으로 1801년, 새 정부 출범 직전에 애덤스 대통령과 연방당이 주도한 의회는 사법부법(Judiciary Act of 1801)을 통과시켜 연방법관직을 다수 신설했다. 그리고 같은 시기에 컬럼비아 특별구 조직법(Distrct of Columbia Act of 1801)을 제정해 치안판사직을 다수 신설했다.

법관 임명 절차는 대통령의 지명, 상원의 동의, 대통령의 서명, 국무부 국새 날인과 임명장 작성, 그리고 임명장 교부 순으로 진행된다. 애덤스 대통령은 백악관을 떠나기 전날까지 임명장에 서명했고, 당시 국무장관이던 존 마셜(훗날 대법원장)은 국새를 찍어 봉인했다. 그러나 정권 이양 직전까지 모든 임명장이 전달되지 못했다. 임명장 전달은 단순한 관행이 아니라, 임명 완성을 둘러싼 법적 쟁점이 되는 마지막 단계였다. 그리고 이 사건의 중심인물인 마버리(William Marbury)는 당시 애덤스 대통령이 임명한 컬럼비아 특별구 치안판사였다.

1801년 3월 4일 제퍼슨이 제3대 대통령으로 취임했다. 새 국무장관 매디슨은 이전 정부가 봉인만 하고 전달하지 못한 임명장의 교부를 중단했다. 그는 임명장 전달이 이루어지지 않았으므로, 임명이 법적으로 완결되지 않았다고 주장했다. 이는 연방당 인사들을 사법부에 남기려는 시도를 차단하기 위한 조치였다. 반면, 마버리는 대통령의 서명과 국새 날인이 이루어진 이상, 임명은 이미 법적으로 완결되었다고 주장했다. 국무장관의 전달은 단지 행정적 집행 행위에 불과하다는 것이었다.

마버리는 1801년 말 대법원에 직접 직무이행명령장Writ of Mandamus을 청구했다. 이 명령장은 행정기관 또는 공무원에게 법에 의해 부과된 의무를 이행하라고 명령하는 사법적 구제수단이다. 마버리는 그 근거로 의회가 제정한 1789년 사법부법 제13조를 들었다. 이 조항은 "대법원이 연방 법관 및 공무원에 대해 직무이행명령장을 발부할 수 있다"고 규정하고 있었다. 마버리의 청구 요지는 "내 임명은 이미 완성되었으므로, 국무장관은 임명장 전달 의무를 이행해야 한다"는 것이었다.

그러나 이 사건은 단순한 임명장을 둘러싼 다툼이 아니었다. 이는 대법원의 궁극적 역할과 헌법의 위상을 결정짓는 역사적 사건으로 기록된다.

◆ 핵심 질문 : 대법원은 의회가 제정한 법률을 무효화할 수 있나?

당사자들은 이렇게 주장했다.

마버리 **VS** 매디슨

마버리	매디슨
"나는 대통령의 서명과 국새 날인으로 법적으로 임명되었어."	"임명은 임명장이 전달되어야 완성돼."
"임명장 전달은 임명의 성립 요건이 아니라 집행 절차일 뿐이야."	"임명장 교부는 대통령의 정치적 행위여서 법원이 개입할 수 없어."
"대법원은 1789년 사법부법 제13조에 따라 직무이행명령장을 발부해야 해."	"1789년 사법부법 제13조는 위헌이므로, 대법원은 명령장을 발부할 권한이 없어."

◆ 대법원은 이렇게 판결했다 ◆

헌법에 위배되는 법률은 무효이며, 그것을 판단하는 것은
사법부의 고유한 의무다.

대법원은 만장일치의 의견으로 매디슨의 손을 들어주었다.

당시 대법원장이었던 존 마셜은 판결문을 통해 세 가지 질문에 답했다.

질문: 마버리는 임명장을 받을 권리가 있는가?

답: 그렇다. 대통령이 서명하고 국새로 봉인되면 임명은 법적으로 완결된다. 임명장 전달은 임명권을 완성시키는 요건이 아니라 집행 절차에 불과하다.

질문 : 마버리에게 법적 구제 수단이 있는가?

답: 그렇다. "권리가 있으면 구제도 있다"는 원칙에 따라, 법이 보호하는 권리가 침해되면 법적 구제가 뒤따라야 한다. 특히 국무장관의 임명장 교부는 재량적 행위가 아니라 법이 부과한 의무다.

질문 : 대법원은 직무이행명령장을 발부할 권한이 있는가?

답: 없다. 헌법 제3조 제2항은 대법원의 원심 관할권을 대사·공사·영사에 관한 사건과 주가 당사자인 사건으로 한정하고 있다. 직무이행명령장 발부 사건은 이에 포함되지 않는다. 1789년 사법부법 제13조가 대법원에 직무이행명령장 발부 권한을 준 것은 헌법이 허용한 대법원 원심 관할권 범위를 넘어선 것

이다. 따라서 그 부분은 위헌이므로 무효다. 그러므로 대법원은 마버리에게 직무이행명령장을 발부할 수 없다. 헌법은 최고법이며, 헌법과 충돌하는 법률은 효력이 없다. 이러한 규범 충돌 상황에서 법률의 헌법 위배 여부를 판단하는 것은 사법부의 본질적인 의무다.

◆ **판결의 의미** : 사법심사의 원리를 확립함으로써 사법부 독립성의 제도적 기반을 마련했다.

대법원은 이 판결을 통해 헌법에 명시되어 있지 않지만 헌법의 구조와 논리에 내재된 사법심사 원리를 판례로 확립했다. 즉, 대법원은 의회가 제정한 법률이나 행정부의 행위가 헌법에 부합하는지를 심사하고 헌법에 위배될 경우 무효로 판단할 수 있음을 분명히 했다. 이를 통해 사법부가 입법부나 행정부에 종속되지 않는 독립된 헌법기관임을 대내외적으로 확립하는 계기를 마련했다.

법관은 정치적 편향성을 보였다는 이유만으로 탄핵될 수 있나?

새뮤얼 체이스 대법관 탄핵 사건 : Impeachment of Justice Samuel Chase(1804-1805)

법관은 '품행이 바른 한' 종신 임기를 보장받는다. 이 종신 임기는 재직 중 보수 감액 금지 조항과 함께, 사법부가 입법부나 행정부로부터 독립해 판단할 수 있도록 헌법이 설계한 안전장치다. 대통령이나 의회의 정치적 이해관계가 아니라, 헌법과 법률에 따라 소신껏 판결하라는 요구가 그 제도의 목적인 것이다.

그렇다면 대통령이나 의회가 특정 법관의 판결이나 정치적 성향이 마음에 들지 않는다는 이유로, 그를 법관직에서 물러나게 할 수 있을까? 미국 건국 초기 바로 이러한 문제가 현실의 사건으로 등장했다. 새뮤얼 체이스 대법관 탄핵 사건이 그것이다. 이 사건에서는 연방 법관, 특히 대법관이 정치적 이유만으로 파면될 수 있는지가 문제가 되었다. 동시에 헌법이 말하는 '품행 바른'의 의미가 무엇인지를 보여주었다.

◆ 사건의 배경 : 정치적 대립 속의 대법관 탄핵

1800년 대통령 선거와 하원 선거에서 토마스 제퍼슨과 민주공화당이 승리하여 행정부와 입법부를 장악했다. 반면, 사법부는 여전히 연방당 성향의 인사들이 주요 자리를 차지하고 있었다. 민주공화당은 사법부가 정치적으로 편향되어 있으며, 연방당의 영향력이 사법부를 통해 유지되고 있다고 강하게 비판했다.

이러한 갈등의 중심에는 체이스(Samuel Chase) 대법관이 있었다. 연방당 성향의 강경파 인사로 알려져 있었던 그는 직설적이고 논쟁적인 성격으로 재판 과정에서도 자신의 정치적 견해를 숨기지 않았다. 특히 1798년 정부를 비판하는 의견에 대해 처벌할 수 있는 선동법(Sedition Act)을 공개적으로 지지했다. 그리고 해당 법에 근거한 재판에서 민주공화당 인사들에게 불리한 태도를 보이기도 했다. 이러한 행위는 "사법의 정치화" 논란을 불러일으켰다.

결국 1804년 하원은 체이스 대법관을 여덟 개 조항의 사유로 탄핵 소추했다. 주요 혐의는 부당한 재판 진행, 편파적 발언, 배심원에 대한 부적절한 개입, 그리고 노골적인 당파성 표출 등이었다. 이에 상원은 탄핵심판을 진행하게 되었다.

◆ **핵심 질문** : 대법관이 재판을 편향적으로 운영하거나 정치적 발언을 한다면, 그것은 탄핵 사유에 해당할까?

당사자들은 이렇게 주장했다.

하원(탄핵소추인 측) **VS** 체이스

"탄핵은 형사처벌을 위한 사법 절차가 아니라 헌법적 책임을 묻는 정치적 절차야. 따라서 형법상 범죄의 구성요건을 엄격히 입증할 필요는 없어. 공직자가 헌법 질서와 직무에 대한 신뢰를 훼손했는지가 판단기준이 되어야 해."

"'품행 바른 행위'에는 형법상 범죄를 저지르지 않을 뿐만 아니라, 재판 과정에서 정치적 중립성과 공정성을 유지하는 것도 포함해."

"탄핵은 정치적 판단이 아니라 형사 절차야. 헌법이 정한 중범죄 및 경범죄에 해당하지 않으면 탄핵될 수 없어."

"나는 탄핵 사유에 해당하는 범죄를 저지르지 않았어."

"정치적 견해나 판결 성향을 이유로 법관을 탄핵한다면, 그것은 사법부 독립성을 침해하는 것이야."

◆ 상원은 이렇게 심판했다 ◆

대법관의 정치적 발언이나 편파적 재판 운영은 헌법이 요구하는 탄핵 사유에 해당하지 않는다.

상원의 탄핵심판 결과는 부결이었다. 하원은 체이스 대법관이 정치적 편견을 드러내며 재판을 진행했다는 점 등을 포함해 여덟 개 조항의 탄핵 사유를 제시했다. 그러나 상원은 어느 조항에 대해서도 헌법이 요구하는 탄핵 요건을 충족했다고 보지 않았다. 그 결과 체이스 대법관은 탄핵되지 않았고 대법관직을 유지하게 되었다.

◆ **탄핵심판의 의미** : 법관에게 종신 임기를 부여한 전제가 되는 '품행 바른'의 의미를 구체화했다.

상원은 법관의 정치적 당파성이나 재판 과정에서의 판단 오류, 또는 부적절해 보일 수 있는 언행이 곧바로 헌법상 탄핵 사유인 '중범죄 및 경범죄'에 해당하지 않는다는 원칙을 확립했다. 즉, 법관을 파면하려면 그의 행위가 사법부의 신뢰를 근본적으로 훼손하는 수준의 중대한 직무상 비행이어야만 된다는 높은 기준을 설정한 것이다.

체이스는 미국 역사상 대법관으로서 유일하게 하원에서 탄핵소추된 인물이었다. 하지만, 상원의 탄핵 부결은 입법부가 정치적 이유로 사법부를 통제할 수 없다는 것을 의미했다. 이 사건은 결과적으로 사법부의 정치적 독립성을 확립한 상징적 분기점으로 평가된다.

의회가 법률로 법원의 판단을 통제할 수 있나?

미국 정부 대 클라인 : United States v. Klein(1872)

　　헌법 제3조 제2항은 대법원의 상고 관할권이 "의회가 정한 예외와 규정에 따른다"고 규정한다. 이에 따라 의회는 법률을 통해 대법원이 어떤 사건을 심리할 수 있는지를 조정할 권한을 가진다. 1869년 맥카들(McCardle) 사건에서, 대법원은 이 조항을 근거로 의회가 법률로 상고 관할권을 박탈할 수 있음을 인정했다. 이는 대법원에 계류 중이던 상황에서 의회가 법률을 개정하여 해당 사건에 대한 대법원의 상고 관할권을 제거한 것에 대한 대법원의 판단이었다. 즉, 의회가 개정한 법률에 따라 대법원은 더 이상 사건을 심리할 권한이 없다고 판단하고 각하했던 것이다.

　　그렇다면 의회는 대법원이 '무엇을 심리할지'를 정하는 것을 넘어, '어떻게 판단할지'까지도 법률로 정할 수 있을까? 미국 정부 대 클라인(1872) 사건은 이 문제를 다루었다.

헌법은 사법부의 관할권을 조정할 수 있는 의회의 권한을 허용하고 있다. 동시에 헌법은 사법부 판단에 대한 의회의 개입을 금지하고 있다. 클라인 사건은 이 둘의 경계가 어디에 있는지를 묻는 중요한 판례다.

◆ 사건의 배경 : 남북전쟁 후 충성 맹세와 재산 반환 문제

남북전쟁 중 1863년 북부 연방은 유기 및 포획 재산법(Abandoned and Captured Property Act, ACPA)을 제정했다. 이 법은 남부 지역에서 버려지거나 점령된 재산을 연방 재무부가 압류·관리하도록 했다. 그리고 전쟁 후 충성을 증명하고 대통령의 사면을 받은 자는 법원에 소송을 제기하여 재산 매각 대금을 환수받을 수 있도록 규정했다. 이때 대통령의 사면은 충성회복의 증거로 인정되었다.

그러나 당시 의회를 장악하고 있던 공화당은 대통령의 관대한 사면 정책에 강력히 반대했다. 이들은 대통령이 '반역자'들의 재산권을 너무 쉽게 회복시켜 준다고 생각했다. 이에 1870년 의회는 ACPA에 근거한 소송에 적용되는 규칙을 바꾸는 입법 조치를 취했다. 그로 인해 변경된 내용은 다음과 같다.

- 대통령의 사면을 받은 자가 재산 환수 소송에서 그 사실을 증거로 제출할 경우, 그 사면은 오히려 해당 인물이 반란에 가담했음을 입증하는 증거로 간주해야 한다.
- 이러한 사면을 근거로 제기된 사건에 대해서 법원의 관할권은 소멸하며, 법원은 관할권 없음을 이유로 소송을 각하해야 한다.

이 사건에서 청구를 제기한 당사자는 남부 연합에 협력했던 윌슨(V.F. Wilson)의 유산 관리인 클라인(Edward Klein)이었다. 그는 윌슨에 대한 대통령 사면을 근거로 연방정부를 상대로 면화 매각 대금 반환을 청구했다. 1869년 하급 법원은 대통령의 사면을 충성 회복의 증거로 인정하여 클라인 측의 손을 들어주었다. 이에 연방정부가 대법원에 상고했다. 의회가 1870년 소송 규칙을 바꾼 입법 조치를 취했을 당시 대법원은 이 사건을 심리 중이었다.

◆ **핵심 질문** : 의회는 법률 제정을 통해 법원의 판결 방향이나 결론을 정할 수 있나?

당사자들은 이렇게 주장했다.

미국 정부	**VS**	클라인
"헌법은 연방법원의 관할권을 정할 권한을 의회에 부여하고 있어."		"이건 관할권 조정이 아냐. 관할권 조정이라는 형식을 빌려, 판결 결과를 강제한 거야."
"우리는 단지 법원의 관할권을 조정했을 뿐이야. 이건 사법부 침해가 아니라 헌법이 허용한 입법권의 행사야."		"법원의 판결은 독립적이어야 해. 의회가 법률로 특정 판결 방향을 정하는 건 삼권분립 위반이야."

◆ 대법원은 이렇게 판결했다 ◆

의회는 법률을 통해 법원의 관할권을 조정할 수 있다. 그러나 법원이 따라야 할 판단기준이나 판결의 결론을 강제할 수는 없다.

대법원은 다수의견으로 의회가 1870년 입법 조치가 위헌이라 판결했다. 판결문의 주요 내용은 다음과 같다.

▶ 의회는 법률을 통해 "대통령 사면이 제시되면 해당 소송을 각하하라"는 일종의 판단 기준을 법원에 제시한 것이다. 이는 사법부가 개별 사건에서 독립적으로 사실과 법을 판단할 권한을 침해하는 것이다. 의회는 법원에 계류 중인 사건에 대해 법원의 판단 기준이나 결론을 입법으로 제시할 수 없다.

▶ 헌법 제3조 제2항에 따라 의회가 대법원의 상고 관할권에 관하여 예외와 규정을 둘 수 있음을 원칙적으로 인정한다. 하지만, 그러한 관할권 조정 권한 역시 사법부의 본질적 기능인 법의 해석·적용과 최종적 판단을 침해하지 않는 범위 내에서만 행사될 수 있다. 의회가 관할권 규정의 형식을 빌려 특정 사건에서 법원이 도달해야 할 결론을 사실상 강제하거나 유도한다면, 이는 허용된 관할권 조정이 아니라 권력분립 원칙에 반하는 사법부 판단에 대한 입법부의 개입이다.

▶ 또한, 의회가 입법을 통해 대통령 사면의 헌법적 의미와 법적 효과를 부정하고, 그 사면을 오히려 불리한 증거로 규정한 것은 헌법 제2조가 대통령에게 부여한 사면권을

침해한 것이다. 대통령의 사면은 헌법상 행정부의 권한으로서, 그 효력과 법적 의미를 입법부가 법률로 변경하거나 무력화할 수 없다. 의회가 사면의 효과를 재정의하고 이를 법원에 강제한 것은 대통령의 권한 행사를 사후적으로 제한하는 것으로, 권력분립 원칙에 위배된다.

◆ **판결의 의미** : 입법부가 법률 제정을 통해 사법부의 고유한 판단 권한을 침해할 수 없음을 분명히 하여 삼권분립 원칙을 확고히 세웠다.

대법원은 입법부가 사법부의 본질적 기능인 규범의 적용과 독립적인 법적 판단에 개입해서는 안 된다고 선언함으로써, 사법부의 독립성을 강력하게 보호했다. 이는 법을 제정하는 권한은 의회에 있으나, 제정된 법을 개별 사건에 해석하고 적용하여 최종적인 결론을 도출하는 권한은 전적으로 사법부에 있다는 것을 명확히 밝힌 것이다.

나아가 이 판결은 입법부가 관할권 조정이나 증거에 대한 판단 기준을 통해 특정 사건의 판결 결과를 사실상 정하는 것은 허용될 수 없다는 점을 분명히 했다. 이는 입법부 권한의 한계를 명확히 제시한 것이다.

맥카들 사건과 클라인 사건 모두에서 의회는 입법으로 대법원의 상고 관할권을 조정했다. 그러나 두 사건에서의 쟁점은 달랐다. 맥카들 사건에서는 의회가 사법부의 '심리 대상'을 조정할 수 있는지, 그리고 클라인 사건에서는 의회가 사법부의 '판단 결과'를 정할 수 있는지였다. 전자에서 대법원은 의회의 관할권 조정이 헌법에 의해 허용된다고 판단했다. 하지만, 후자에서는 의회가 관할권 조정을 통해 사법부의 본질적인 기능을 침해했다고 보았다.

2. 사법권 행사의 두 가지 관점: 사법 적극주의와 사법 자제

헌법 설계자들은 법을 해석하고 적용할 권한을 사법부에 부여했다. 그러면서 사법부를 '의지'가 아니라 '판단'의 힘으로만 존재하는 권력으로 규정했다. 해밀턴은 만약 사법부가 판단이 아닌 정치적 의지를 행사하려 한다면, 이는 헌법적 정당성을 잃는다고 경고했다. 정치적 의지는 입법부의 영역이라고 생각했기 때문이다. 다시 말해, 헌법에 대한 명백한 위반이 없는 한, 사법부는 입법부의 정책적 결정을 존중해야 하며, 그 경계를 넘어 새로운 정치적 의지를 만들어내서는 안 된다는 점을 강조한 것이다.

그러나 헌법과 법률을 구체적 사건에 적용하는 과정에서 법원은 정치적 판단을 완전히 배제하기는 어렵다. 이는 법원이 각 시대의 정치적 환경과 사회적 기대의 영향을 받을 수밖에 없기 때문이다. 또한, 사법부는 판결에 대한 국민과 다른 권력 기관의 수용 정도도 생각할 수밖에 없기 때문이다.

이러한 딜레마 속에서 사법부의 권한이 어떻게 행사되어야 하는가에 대해서 두 가지 관점이 있다. 하나는 '사법 적극주의 Judicial Activism'고, 다른 하나는 '사법 자제Judicial Restraint'다.

사법 적극주의는 대법원이 입법부 및 행정부와 더불어 헌법의 원칙을 현실 속에 적극적으로 구현해야 한다는 관점이다. 이 입장은 입법부와 행정부가 다루지 못하거나 회피한 경제적·사회적 문제를 해결하기 위해, 법원의 권한을 헌법 해석을 통해 보다 적극적으로 행사할 수 있다고 본다. 이러한 관점에서 대법원은 미국 정치의 심판자에 머무르지 않고 능동적 참여자가 된다.

반면, 사법 자제는 명백한 헌법 위반이 없는 한, 법원이 논쟁적 정책 결정의 주도권을 입법부와 행정부, 즉 선출된 정치 부문에 맡겨야 한다는 관점이다. 이러한 입장을 취할 경우, 법원은 헌법의 문언과 설계자의 의도를 해석하는 데 최대한 충실해야 된다고 본다.

이 절에서는 선거구 획정에 대한 두 개의 대법원 판결을 소개한다. 선거구 획정은 정치적 문제로써 대법원이 어떤 기준으로 사법 적극주의와 사법 자제라는 서로 다른 태도를 취했는지를 잘 보여준다.

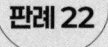

법원은 선거구 획정 문제에 개입할 수 있나?

베이커 대 카 : Baker v. Carr(1962)

선거에서 '한 표의 가치는 평등하다'는 말은 민주주의의 중요한 원칙이다. 그런데 인구가 많은 지역이나 적은 지역에서 같은 수의 대표를 선출해야 한다면, 과연 표의 가치가 동등할까? 법원은 이런 상황을 해결해 줄 수 있을까? 아니면 법원이 나서기 어려운 '정치적 질문'일까?

정치적 질문 원칙Political Question Doctrine은 어떤 헌법적 논쟁이 되는 사안이 본질적으로 사법적으로 해결하기에 부적절하다고 판단되면, 법원이 그 사건을 심리하지 않고 각하할 수 있다는 원칙이다. 이 원칙의 시작은 마버리 대 매디슨(1803)이다. 이 판결에서 대법원은 "정치적 성격의 문제는 사법심사 대상이 아니다"라고 밝혔다. 그리고 여기서 살펴볼 베이커 대 카

(1962)는 정치적 질문을 판단하는 기준을 현대적으로 정립했다.

◆ **사건의 배경** : 변화 없는 선거구, 왜곡된 대표성

이 사건은 1960년대 초, 테네시주에서 벌어진 주 의회 선거구 간 인구 불균형malapportionment 문제를 배경으로 한다. 문제의 핵심은, 수십 년 동안 변화하지 않은 선거구 경계였다. 테네시주는 주 헌법에 따라 주기적인 재획정 의무가 있었음에도 불구하고, 사실상 1901년 이후 주 의회 선거구를 재조정하지 않았다.

그 사이 미국 사회는 격변했다. 특히 테네시주에서는 농촌에서 도시로 대규모 인구 이동이 일어났다. 농촌 지역의 인구가 급격히 감소한 반면, 도시 지역의 인구는 빠르게 증가했다. 하지만, 선거구 경계는 이러한 인구 변화를 반영하지 못했다.

이것은 다음과 같은 결과를 낳았다.
- 농촌 지역의 한 선거구 인구보다 도시 지역의 한 선거구 인구가 훨씬 많아졌다.
- 선거구당 한 명의 의원만을 선출하므로, 농촌 선거구 유권

자 한 명의 표는 도시 유권자 한 명의 표보다 훨씬 더 큰 영향력을 가지게 되었다.

- 그 결과 주 의회에서 도시 유권자들의 정치적 목소리는 과소 대표되었고, 소수 농촌 유권자들의 의사는 과대 대표되었다.
- 이에 대해 이러한 선거구 간 인구 불균형은 수정헌법 제14조의 평등보호 조항을 위배한다는 비판이 제기되었다.

이 문제를 제기한 원고 가운데 한 사람이 베이커(Charles Baker)였다. 그는 다른 도시 지역 유권자들과 함께 테네시주의 국무장관 카(Joe C. Carr)를 상대로 소송을 제기했다. 그의 주장은 간단했다. "이 선거구는 불평등하다. 우리의 투표권이 부당하게 약화되고 있다."

하지만 하급 법원은 이 문제를 정치적 질문으로 보아, 사법부가 판단할 수 없는 사안이라며 사건을 각하했다. 베이커는 이에 불복하여 대법원에 상고했다.

베이커	VS	카
"선거구 간 인구 불균형은 평등 보호 조항에 위배 돼."		"선거구 획정은 헌법이 의회에 맡긴 고유 권한이야."
"법원은 이 헌법적 권리 침해를 바로 잡아야 해."		"선거구 문제는 정치적 질문이 기 때문에 사법심사 대상이 될 수 없어."
"법원이 침묵하면 유권자의 기 본권 침해가 시정될 수 없어."		"법원이 개입하면 입법부 권한 침해로 삼권분립 위반이야."

◆ 대법원은 이렇게 판결했다 ◆

선거구 간 인구 불균형 문제는 평등보호 조항에 근거한
사법심사 대상이다.

대법원은 다수의견으로 베이커의 손을 들어주었다. 정치적
대표의 불평등 문제는 사법심사 대상이라고 판결한 것이었다.

특히 이 판결에서 정치적 질문에 대한 기준을 세웠다. 판결문의 주요 내용은 다음과 같다.

▶ 모든 정치적 권리 보호와 관련한 사안이 곧바로 정치적 질문에 해당되어 사법심사의 대상에서 자동으로 배제되는 것은 아니다. 정치적 질문을 판단하는 기준은 여섯 가지이며(아래 표 참고), 이 기준에 해당하면 그 사안은 정치적 질문으로써 사법심사 대상이 될 수 없다. 이 사건은 정치적 질문 판단 기준에 해당되지 않으므로, 정치적 질문이 아니며 사법심사의 대상이 될 수 있다.

▶ 주 의회의 선거구 간 인구 불균형이 수정헌법 제14조(평등보호 조항Equal Protection Clause)를 침해한다는 주장은, 법원이 객관적이고 관리 가능한 사법적 기준에 따라 심리할 수 있는 문제다. 평등보호 조항에 기초한 사법적 심사 기준은 이미 판례를 통해 충분히 발전했으며, 법원이 적용하기에 익숙한 기준이다.

▶ 유권자 표 가치가 불평등하게 취급되는 것은 평등보호 원칙에 위배된다. 이는 원고들이 헌법에 의해 보호되는 권리

를 침해받았다는 주장으로, 법원이 적절한 구제를 제공할
수 있는 정당한 헌법적 쟁점에 해당한다.

정치적 질문 판단기준

베이커 대 카 판결에서 대법원은 사법심사 대상이 될 수 없는 정치적
질문을 구분하기 위해 6가지 기준을 제시했다.

1. 헌법의 문언 자체가 해당 문제를 사법부가 아니라 입법부나 행정부
   의 판단 영역으로 규정하고 있는 경우
2. 법원이 적용할 수 있는 객관적이고 관리 가능한 법적 기준이 존재
   하지 않는 경우
3. 법원이 판단하기에 앞서, 입법부나 행정부의 정책적·정치적 결정
   이 선행되어야만 해결될 수 있는 경우
4. 법원의 개입이 입법부나 행정부에 대한 존중의 결여로 비쳐, 헌법
   상 권력분립 원칙을 훼손할 우려가 있는 경우
5. 이미 헌법상 권한을 가진 입법부나 행정부가 최종적인 결단을 내
   린 사안으로, 그 결정을 사법적으로 다시 문제 삼지 않고 존중해야
   할 필요성이 인정되는 경우
6. 법원이 개입할 경우, 입법부, 행정부, 사법부가 동일한 문제에 대해
   서로 상충되거나 모순된 판단을 내리게 되어 국가적 혼란이나 권
   위 충돌을 초래할 우려가 있는 경우

대법원은 테네시주의 선거구 획정이 실제로 위헌인지 여부는

직접 판단하지 않았다. 단지 이 문제를 법원이 심리할 수 있는 사법적 문제라고 결정하고, 사건을 하급 법원으로 돌려보냈다. 그리고 테네시주의 주의회는 선거구를 재획정했다.

◆ **판결의 의미** : 선거구 간 인구 불균형은 정치적 문제가 아니며, 따라서 사법심사 대상이 될 수 있음을 명확히 했다.

대법원은 유권자의 표 가치가 현저하게 불평등하게 취급되는 것이 헌법상 평등권의 침해에 해당하며, 이는 법원이 판단하고 구제할 수 있다고 밝혔다.

이 판결은 선거구 획정에 있어서 표의 동등성이라는 핵심 요소를 정치의 영역에서 헌법의 영역으로 옮겨놓은 결정이었다. 아울러 법원이 평등보호라는 헌법 원리를 근거로 정치적 사안에 적극적으로 개입한 사법 적극주의의 대표적 사례로 평가된다.

법원은 당파적 게리맨더링에 개입할 수 있나?

루초 대 커먼 코즈 : Rucho v. Common Cause(2019)

앞에서 본 베이커 대 카(1962)는 대법원이 선거구 간 인구 불균형 문제가 수정헌법 제14조 평등보호 조항에 위배될 수 있으며, 더 이상 사법심사에서 배제되는 정치적 질문이 아니라고 판단한 사건이었다. 이는 오랫동안 정치의 영역으로 여겨졌던 선거구 획정 문제를 헌법적 논의와 사법적 심사의 무대로 끌어낸 결정이었다. 이후 법원은 선거구가 인구에 비례해 공정하게 획정되어야 한다는 원칙을 확립해 나갔다.

이러한 흐름 속에서 구체적으로 쟁점화된 것이 인종 게리맨더링이었다. 인종 게리맨더링Racial Gerrymandering은 특정 인종의 대표성을 강화하거나 약화시킬 의도를 가지고 선거구 경계를 획정하는 것을 말한다. 법원은 인종이 선거구 획정에서 지배적인 기준으로 작용하는 경우, 이는 수정헌법 제14조(평등보호 조항)에 따라 엄격한 사법심사의 대상이 된다고 보았다.

그리고 그것이 헌법적으로 정당화되지 않는 한 위헌으로 판결해 왔다. 다만, 인종차별을 시정하거나 인종을 여러 요소 중 하나로 제한적으로 고려하는 경우에는 예외적으로 합헌으로 인정했다. 이러한 인종 게리맨더링 판례들은 사법부가 평등보호 조항을 근거로 정치적 영역에 적극적으로 개입해 온 사례다. 이는 베이커 판결 이후 전개된 사법 적극주의의 대표적 흐름으로 평가될 수 있다.

그렇다면, 특정 정당에 유리하도록 선거구를 조정하는 당파적 게리맨더링Partisan Gerrymandering의 경우는 어떨까? 루초 대 커먼 코즈(2019)는 바로 이 문제에 대해 사법부가 어디까지 개입할 수 있는지를 보여주는 사례다.

◆ 사건의 배경 : 일부 주州의 당파적 게리맨더링 논란

헌법은 주 의회가 해당 주에서 치러지는 연방 상·하원 선거의 방식을 정하도록 하고 있다. 이 사건은 노스캐롤라이나주와 메릴랜드주에서 이루어진 선거구 획정이 정당의 정치적 이익을 극대화하기 위해 설계되었는지를 두고 벌어진 헌법 소송이다. 두 사건 모두 주 의회를 장악한 다수당이 자신들에게 유리한 방식으로 연방하원 선거구를 획정함으로써, 선거 결과를 사실상 사전에 결정지으려 했다는 의혹에서 비롯되었다.

노스캐롤라이나주에서는 공화당이 다수당의 지위를 활용하여 선거에서 과반 득표를 하지 못해도 전체 13석 중 10석 이상을 확보할 수 있도록 선거구를 재획정했다. 메릴랜드주에서는 반대로 민주당이 다수당의 지위를 활용하여 상대당의 의석 확보를 어렵게 만들었다. 커먼 코즈는 비영리 시민단체로, 2016년 노스캐롤라이나주 선거구 재획정이 위헌이라고 주장하며 소송을 제기했다. 상대는 노스캐롤라이나주 선거구 재획정위원회 위원장인 루초(Robert A. Rucho) 주 의회의 상원의원이었다.

두 사건의 하급 법원은 모두 해당 선거구 획정이 위헌이라고 판결했다. 이에 주 의회 측은 대법원에 상고했고, 대법원은 두 사건을 하나의 의견으로 판결했다.

◆ **핵심 질문** : 당파적 게리맨더링은 사법적 판단의 대상이 아닌

정치적 질문인가?

당사자들은 이렇게 주장했다.

루초	커먼 코즈
"선거구 획정은 정치적 과정의 결과야."	"특정 정당에 유리한 게리맨더링은 평등보호 조항 위반이야."
"법원은 공정한 선거구 획정이 무엇인지 판단할 명확한 기준을 가지고 있지 않아."	"법원은 위헌성 심사 기준을 만들 수 있어."
"사법부가 정치에 개입하면 신뢰를 잃을 거야."	"법원이 개입하지 않으면 특정 정당이 영구 장악하게 되어, 유권자의 뜻이 왜곡돼."

◆ 대법원은 이렇게 판결했다 ◆

당파적 게리맨더링은 법원이 심사할 수 없는 정치적 질문이다.

대법원은 다수의견으로 당파적 게리맨더링 문제는 사법부가 심사할 수 없는 정치적 질문에 해당한다고 판결했다. 판결

문의 주요 내용은 다음과 같다.

▸ 당파적 게리맨더링은 법원이 심리할 수 없는 정치적 질문에 해당한다. 이 문제에 대해 법원은 헌법상 명시되거나 암시된 어떠한 판단 권한도 부여받지 않았으며, 정당 간에 정치적 유불리를 재배분할 재량도 가질 수 없다.

▸ 헌법은 당파적 게리맨더링의 공정성을 판단하기 위한 사법적으로 관리 가능한 기준을 제시하지 않는다. '공정성'에 관한 여러 상이한 정치적 관점 중 어느 하나를 선택하는 것은 법적 판단이 아니라 본질적으로 정치적 판단이다. 헌법 어디에도 이러한 판단을 가능하게 하는 명확한 법적 기준은 존재하지 않는다.

▸ '1인 1표 원칙'은 각 유권자의 표가 동등한 가치를 가져야 한다는 원칙이다. 그러나 이 원칙은 정당에까지 확장되지 않는다. 즉, 헌법은 각 정당이 전체 득표율에 비례하여 의석이나 정치적 영향력을 확보할 권리를 보장하지 않는다.

▸ 법원이 당파적 게리맨더링을 사법적 판단 대상이 아니라

고 결론짓는 것은, 그 관행이 바람직하거나 정당하다고 인정하는 것이 아니다. 이러한 문제는 법원이 아니라 선거, 입법, 헌법 개정 등 정치적 과정을 통해 해결되어야 한다.

◆ **판결의 의미** : 당파적 게리맨더링을 정치적 질문으로 보아 사법심사 대상에서 제외함으로써, 사법 자제의 원칙을 보여주었다.

대법원은 헌법이 사법적으로 판단 가능한 불평등, 그리고 정치적 과정에 맡겨진 불공정을 구분했다. 즉, 선거구 간 인구 불균형 문제나 인종 게리맨더링처럼 헌법상 명확한 기준이 존재하는 영역에 대해서는 기존의 사법심사 가능성을 그대로 유지했다. 반면, 정당 간 유불리만을 이유로 제기된 청구는 헌법이 판단기준을 제공하지 않는다고 보고, 사법심사 대상에서 배제한다는 원칙을 확립했다.

이 판결은 법원이 스스로 선거 관련 분쟁에 대한 사법심사 범위를 제한함으로써 사법 자제를 보여준 대표적 사례다. 동시에, 사법부가 정치 세력 간 균형을 맞춰주는 주체가 아님을 분명히 하여, 삼권분립의 원리를 확인했다고 볼 수 있다.

ARCHITECT OF THE
CONSTITUTION

05

대법원 판례로 본
팽창하는 행정권력

현대 사회와 행정권력의 팽창

미국은 복잡하고 전문화된 사회 문제에 대응하기 위해 다수의 행정기관을 설립했다. 그리고 이들이 규칙을 만들고 집행해 왔다. 이로써 행정부의 권한과 기능이 강화되는 행정권력의 팽창, 즉 행정국가화 현상이 나타나게 되었다. 1930년대 대공황과 뉴딜 정책, 그리고 제2차 세계대전과 냉전기를 거치며 이 경향은 강화되었다.

특히, 미국 역사상 가장 오랫동안 대통령을 지낸 프랭클린 루즈벨트는 현대 행정국가 탄생의 주역으로 꼽힌다. 그의 재임 기간은 미국이 대공황과 제2차 세계대전을 경험한 시기였다. 루즈벨트 대통령은 대공황의 위기를 극복하기 위해 뉴딜의 이름으로 30여 개의 행정기관을 설립했다. 이들을 관리하기 위해 참모들을 둔 대통령 사무국Executive Office of the President도 신설했다. 또한, 제2차 세계대전에 대응하기 위해 개인 소득에 대한 원천징수세를 도입해, 정부 재정도 늘렸다. 이러한 현상은 행정권력의 팽창을 가속화시켰다.

의회도 대공황과 전쟁이라는 국가적 위기 속에서 행정기관 설립과 입법 위임을 통해 뉴딜 정책을 뒷받침했다. 그 결과 수십만 명의 연방 관료와 다수의 독립적인 행정기관이 탄생했다. 그리고 대통령은 이들을 지휘하는 최고 행정권자로 등극했다.

독립 규제기관과 '제4의 권력' 논쟁

독립 규제기관은 독립적인 행정기관 중 하나다. 이들은 대통령으로부터의 독립성, 전문성, 그리고 정책 연속성 때문에 '제4의 권력'으로 불리기도 한다. 연방준비제도, 연방통신위원회, 증권거래위원회 등이 대표적이다. 독립 규제기관의 이러한 특성은 행정의 전문성과 예측 가능성을 높인다는 큰 장점이 있다.

그러나 이 기관들에 보장된 독립성은 두 가지 문제를 발생시켰다. 하나는 민주적 책임성이 약하다는 점이다. 이는 국민의 투표로 선출된 대통령이 아닌, '선출되지 않은 관료'가 중요한 정책을 결정하는 구조에서 나오는 문제다. 선출되지 않은 관료들은 '정당한 사유 해임' 규정에 의한 보호를 통해 대통령의 정책적 통제에서 벗어날 수 있다. 그 결과, 국민이 선거를 통해 정책 실패에 대한 책임을 묻고 정책 방향을 바꿀 기회를 갖지 못하게 된다.

다른 하나는 권한과 책임이 누구에게 있는지 명확하지 않다는 점이다. 행정권은 헌법상 대통령에게 있다. 그러나 이 기관들이 대통령의 정책 기조와 다르게 규제 정책을 집행할 경우, 행정부 전체의 정책 일관성이 저해될 수 있다. 결과적으로 정책 실패 시 누가 최종적인 책임을 져야 하는지가 불분명해지게 된다.

결국 독립 규제기관은 행정의 효율성과 민주적 통제라는 두 가지 가치 사이에서 긴장 상태를 끊임없이 만들어내는 문제를 안고 있다.

1. 대통령의 통제권과 행정기관의 독립성은 조화될 수 있는가?

행정권력이 팽창하면서 대통령의 행정부 통제권과 행정기관의 제도적 독립성 사이에 긴장 관계가 형성되었다. 곧, 대통령이 행정부를 일원적으로 지휘·감독할 수 있는지, 아니면 특정 기관이 대통령으로부터 어느 정도 독립하여 기능할 수 있는지가 핵심 쟁점이 되었다.

헌법 제2조는 대통령에게 행정권과 법률의 충실집행의무를 부여함으로써 행정권의 통일성과 책임 정치를 요구하고 있다. 대통령은 이를 근거로 자신을 대신해 권한을 행사하는 관료와 기관을 지휘·감독할 수 있게 된다.

그러나 20세기 이후 연방정부의 역할 확대와 함께 일부 행정기관은 정치적 중립성과 전문성을 이유로 대통령의 통제에서 부분적으로 예외를 인정받아 왔다. 그 결과, 헌법이 의도한 행정권의 단일성과 현대 행정국가가 요구하는 기관 독립성을 어떻게 조화시킬 것인지가 논쟁으로 부각되었다.

여기에서 소개하는 판례들은 이러한 문제의식 속에서 해임권을 매개로 한 대통령의 통제권과 기관의 독립성 사이에 경계를 그어 온 과정을 보여준다.

대통령 단독으로 행정부 공직자를 해임할 수 있나?

마이어스 대 미국 정부 : Myers v. United States(1926)

대통령은 자신이 임명한 행정부 공무원을 임의로 해임할 수 있을까? 마이어스 대 미국 정부(1926)는 이 질문에 대한 답을 준다. 이 사건을 통해 대법원은 대통령이 가진 임명권과 해임권의 범위에 대해 중요한 원칙을 세웠다.

◆ 사건의 배경 : 우체국장의 해고

1917년 윌슨(Woodrow Wilson) 대통령은 워싱턴주 포틀랜드의 우체국장으로 마이어스(Frank S. Myers)를 임명했다. 그의 임기는 4년이었다. 그러나 1920년 윌슨 대통령은 일방적으로 사임을 요구했고, 마이어스는 거부했다. 그러자 대통령은 그를 해임했다.

그런데 대통령이 의회의 동의 없이 단독으로 해고했다는 점이 문제가 되었다. 1876년에 만들어진 법률은 대통령이 우체국장을 임명하거나 해고할 때 반드시 상원의 동의를 받도록 규정하고 있었다. 마이어스는 이 해고가 위법하다고 주장하며, 남은 임기 동안의 급여를 달라고 소송을 제기했다. 연방정부는 대통령의 헌법상 해임권이 해당 법률보다 우위에 있다고 맞섰다. 마이어스가 사망한 후에도 그의 유족들이 소송을 이어가, 이 사건은 대법원까지 올라가게 되었다.

◆ **핵심 질문** : 대통령은 의회의 동의 없이 단독으로 행정부 공무원을 해고할 수 있는가?

당사자들은 이렇게 주장했다.

마이어스	VS	미국 정부
"의회는 법률로 특정 공직의 임명·자격·해임 절차를 정할 수 있어. 특히 상원 동의로 임명되는 직위라면, 해임에도 의회가 정한 절차를 요구할 수 있어." "임기형 직위를 대통령이 상원 동의 없이 일방적으로 해임하는 건 입법부 권한 침해야."		"대통령의 임명·해임권은 행정권의 본질적 요소로 의회가 법률로 제한하거나 변경할 수 없어." "해임에 상원 동의를 요구하는 건 대통령 권한 침해야."

◆ 대법원은 이렇게 판결했다 ◆

대통령은 행정직 공무원에 대해 배타적 해임권을 가지며,
그에 대해 상원 동의를 요구하는 법률은 위헌이다.

대법원은 다수의견으로 대통령의 손을 들어주었다. 판결문의 주요 내용은 다음과 같다.

▶ 대통령의 해임권은 헌법 제2조의 행정권과 충실집행의 무에 내재한 권한으로 순수한 행정직에 대해서는 그 권한이 인정된다. 이 사건의 대상이었던 우체국장직은 준입법·준사법 기능 없이 행정 집행·관리를 담당하는 전형적인 순수 행정직이다. 대통령은 임기 중이라도 정책 집행의 신뢰 관계에 따라 재량으로 해임할 수 있다.

▶ 헌법은 임명에 관해 상원의 조언과 동의를 요구하지만, 이를 순수 행정직의 해임에까지 확장하는 것은 대통령의 통일적 지휘·책임을 침해한다.

  ▶ 대통령에게 임명권만 있고 해임권이 없다면 실질적인 지휘가 불가능하여 행정부 운영의 최종 책임이 불분명해진다.

▶ 따라서 순수 행정직에 대해 대통령의 해임에 상원 동의를 요구하는 법률은 위헌이다.

◆ **판결의 의미** : 대통령의 해임권이 헌법에 규정된 대통령의 권한에 내재한다는 점을 확인하고 행정부의 효율성과 책임성을 높

였다.

이 판결은 순수 행정직에 대한 대통령의 자유 해임 원칙을
확립함으로써, 행정부 지휘의 일관성을 확보하도록 했다. 또
한, 대통령의 해임권 행사에 대한 상원 동의를 요구하는 의회
의 개입은 대통령 권한을 침해한다고 함으로써, 권력분립 원
칙을 확인했다.

대통령은 독립 규제기관의 위원을
자유롭게 해임할 수 있나?

헴프리의 유언집행자 대 미국 정부 :
Humphrey's Executor v. United States(1935)

앞의 마이어스 대 미국 정부(1926)는 순수 행정직에 대한 대통령의 해임권을 광범위하게 인정했다. 그렇다면, 대통령은 독립 규제기관의 위원에 대해서도 해임권을 행사할 수 있을까? 대통령은 행정부 수반이다. 그런데 독립 규제기관의 위원을 자유롭게 해임할 수 없게 한다면, 이는 대통령의 권한을 침해하는 것일까? 아니면 독립 규제기관은 독립성을 보장받는 것이 헌법에 부합하는 것일까? 헴프리의 유언집행자 대 미국 정부(1935)는 이 질문을 다루었다.

◆ **사건의 배경** : 대통령의 해임 명령에 맞선 한 독립 규제기관
위원

연방거래위원회(Federal Trade Commission, FTC)는 독립규제 기관으로 1914년 연방거래위원회법(Federal Trade Commission Act, FTCA)에 의해 설립되었다. 그 목적은 독점 기업의 폐해에 대응하여 시장 내 자유로운 경쟁이 이루어지도록 하는 것이었다. FTC는 총 5명의 위원들로 구성된 합의제 기관이었다.

위원장과 위원은 대통령이 지명하고 상원의 인준을 거쳐 임명되며, 각 위원은 7년의 임기를 보장받았다. 또한, 5명 중 3명 이상은 같은 정당 소속이 될 수 없게 했다. 이는 기관의 정치적 중립성과 초당파적 운영을 제도적으로 담보하기 위함이었다. 위원회는 규칙 제정 및 사건 심리와 같은 준입법적·준사법적 기능도 수행했다.

1931년 공화당 성향의 험프리(William Humphrey)는 FTC 위원으로 재임명되었다. 1933년에 취임한 루스벨트 대통령은 뉴딜 정책 노선과 의견을 달리하는 험프리에게 수차례 사임을 요청했지만, 소용이 없었다. 그러자 같은 해 10월 정책적 견해 차이를 이유로 험프리에게 해임을 통보했다.

문제는 FTCA가 위원의 해임 사유를 "비효율, 직무태만, 직무상 부정행위"로 제한하고 있었다는 점이다. 이 때문에 대통령의 '정책 불일치'를 이유로 한 해임이 법이 정한 '정당한 사유' 해임 요건에 해당하는지가 쟁점이 되었다.

루스벨트 대통령의 해임 통보 이후에도 험프리는 자리를 지켰다. 험프리는 이듬해 1934년 2월 사망했고, 그의 유언집행자가 미국 정부를 상대로 소송을 제기했다. 그는 험프리의 해임이 법률상 무효라며, 정부가 해임 통보일부터 사망일까지의 미지급 보수를 정부가 지급해야 한다고 주장했다.

◆ **핵심 질문** : 대통령은 정책 불일치를 이유로 독립 규제기관의 위원을 해임할 수 있는가?

당사자들은 이렇게 주장했다.

험프리의 유언집행자 미국 정부

험프리의 유언집행자	미국 정부
"FTC는 독립 규제기관이기 때문에 독립성을 가지고 있어."	"대통령은 행정부 수반이기 때문에 행정부에 종사하는 공직자들을 지휘·감독할 권한이 있어."
"의회는 대통령으로부터 FTC의 독립성을 지키기 위해 법률에 정당한 해임 사유 규정을 두고 있어."	"그 지휘권에는 임명권과 함께 해임권도 포함되어 있어."
"대통령이 정책 불일치만으로 자유롭게 해임할 수 있다면, FTC는 정치적 도구로 전락하고 전문성과 중립성이 훼손될 거야."	"FTC도 행정부 안에 있는 기관이기 때문에 대통령이 자유롭게 해임할 수 있어."

◆ 대법원은 이렇게 판결했다 ◆

대통령은 정책 불일치만을 이유로 독립 규제기관 위원을 해임할 수 없다.

대법원은 만장일치의 의견으로 험프리 측의 손을 들어주었다. 판결문의 주요 내용은 다음과 같다.

▶ FTC는 단순한 행정부의 집행 단위가 아니다. 위원회는 규칙을 만들고(준입법적), 위법 행위를 심사하여 제재를 가하는(준사법적) 업무를 수행한다. 이러한 직무의 특성상 대통령의 통제로부터 상당한 정도의 독립성이 요구된다.

▶ FTC 위원의 직무는 순수 행정 집행에 국한되지 않고 준입법·준사법 기능이 핵심이므로, 마이어스 판결에서 확립된 자유 해임 원칙을 그대로 적용할 수 없다.

▶ FTC 설립법은 비능률, 직무 태만, 또는 직무상 부정행위와 같은 정당한 사유가 있는 경우에만 해임할 수 있다고 명시하고 있다. 이는 독립 규제기관의 독립성 보장을 위한 의회의 정당한 입법권 행사다. 따라서 루스벨트 대통령이 정책 불일치만을 이유로 험프리를 해임한 조치는 법률이 정한 해임 사유에 해당하지 않아 무효다.

◆ **판결의 의미** : 대통령 해임권에 한계를 두어 독립 규제기관의 독립성을 보장해 주었다.

대법원은 FTC가 준입법·준사법 기능을 수행한다는 점을 근거로 정책 불일치만으로는 해임할 수 없고 법이 정한 사유가 필요하다고 보았다. 이는 복잡한 경제 질서에 대응하기 위해서는, 정치로부터 독립된 그리고 전문적인 판단을 할 수 있는 주체가 필요하다는 점을 인정한 결정이었다. 이로써 독립 규제기관은 정권 교체와 무관하게 규제의 일관성·예측 가능성을 유지할 수 있게 되었다.

대통령은 독립 규제기관의 단일 수장을
자유롭게 해임할 수 있나?

세일라 로펌 대 소비자금융보호국(CFPB):
Seila Law LLC v. Consumer Financial Protection Bureau(2020)

험프리의 유언집행자 대 미국 정부(1935)는 합의제 독립 규제기관에 대한 법원의 판단이었다. 법률에 규정된 해임 사유가 없으면 대통령이 위원을 해임할 수 없다는 것이었다.

그렇다면 독립 규제기관이 단일 수장 체제라면 어떨까? 막대한 행정 권한을 혼자 행사하는 단일 수장은 대통령이 자유롭게 해임할 수 있을까? 세일라 로펌 대 CFPB(2020)를 통해 알아보자.

◆ 사건의 배경 : 소비자금융보호국 신설과 세일라 로펌에 대한 조사

2008년 금융위기 이후, 연방의회는 일명 도드-프랭크법

(Dodd-Frank Act, 2010)으로 CFPB를 신설해, 금융상품·대출·신용 관련 소비자 보호 규제를 통합 감독하려고 했다. 의회는 CFPB에게 규칙을 만들고 집행하며, 그 위반행위를 조사·제재 할 수 있는 광범위한 권한을 부여했다. 또한, CFPB는 단일 수장(국장) 체제로 설계되었다. 국장은 상원의 동의를 받아 대통령이 임명하되, 법에 규정된 '정당한 사유' 없이는 해임할 수 없도록 했다.

2017년 CFPB는 캘리포니아주에 위치한 세일라 로펌이 채무 구제 관련 법률·상담 서비스를 제공하면서 관련 규칙을 위반했을 가능성이 있다고 판단했다. 이에 CFPB는 자료 제출을 명령했고, 세일라 로펌은 거부했다. 그 주된 이유로는 이 명령을 발부한 기관인 CFPB의 설립 근거가 된 법률에 문제가 있다는 점을 들었다. 즉, CFPB의 단일 수장에 대한 해임을 제한하는 규정이 대통령의 권한을 침해함으로써, 권력분립 원리를 위배했다는 것이었다. 이에 근거해 이러한 위헌적 기관에서 발행한 명령도 무효라고 주장했다.

결국 이 사건은 대법원에 올라갔다.

◆ **핵심 질문**: 독립 규제기관의 단일 수장에 대한 해임을 제한하는 법률은 대통령의 행정권 침해인가?

당사자들은 이렇게 주장했다.

세일라 로펌 **VS** CFPB

세일라 로펌	CFPB
"대통령은 행정권의 유일한 수탁자야. 대통령이 집행을 책임지려면 해임을 통한 통제가 가능해야 해."	"독립적 행정기능을 수행하려면 기관의 독립성이 보호되어야 해."
"단일 수장의 해임을 제한하면, 대통령이 지휘·감독할 수 없게 돼. 대통령 권한 침해야."	"금융 소비자 보호와 규제의 장기적인 일관성을 위해 해임은 정당한 사유에 제한되어야 해."
"CFPB처럼 단일 수장이면서 통제받지 않는 강력한 집행 권한을 가진 구조는 권력분립 위반이야."	"의회는 공익과 전문성 확보를 위해 해임을 제한하는 입법을 할 수 있어. 따라서 CFPB의 해임 제한은 합헌이야."

◆ 대법원은 이렇게 판결했다 ◆

독립 규제기관의 단일 수장에 대한 해임 제한은
대통령의 권한을 침해하는 것이다.

대법원은 다수의견으로, 대통령의 해임권을 제한한 법률 규정은 헌법에 위배된다고 판결했다. 판결문의 주요 내용은 다음과 같다.

▶ 헌법 제2조는 "행정권은 대통령에게 속한다"고 규정한다. 이에 따라 행정권의 단일성과 책임정치를 보장하려면 대통령은 자신이 임명한 관료를 해임할 권한을 가져야 한다.

▶ 과거 험프리 사건에서 독립성을 인정받았던 FTC는 다수 위원으로 구성된 합의제 독립기관이었고, 준입법적·준사법적 기능을 수행했다. 반면, CFPB는 행정 집행·조사·제재 권한이 단일 수장에게 집중되어 있어, FTC와 같은 판단이 적용될 수 없다.

▶ 강력한 권한을 가진 단일 수장이 대통령의 정책 기조와 무관하게 독자적으로 집행 권한을 행사하게 되면, 최종 책임이 어디에 있는지 불분명해지고, 그 결과 민주적 책임성도 훼손된다. 이는 헌법 제2조의 지휘·감독 및 충실 집행의무에 대한 중대한 침해다.

▶ 위헌으로 판단된 해임 제한 조항은 도드-프랭크법의 나머지 부분과 분리 가능하므로, 그 조항만 무효화된다. CFPB 자체와 나머지 권한은 존속하고, 대통령은 CFPB 국장을 임의로 해임할 수 있다.

◆ **판결의 의미** : 대통령이 독립 규제기관의 단일 수장을 임의로 해임할 수 있게 함으로써, 행정부의 단일한 지휘·책임 체계를 확인했다.

대법원은 헌법 제2조에 근거해 광범위한 집행권이 한 개인에 집중된 행정기관에 대해서는 대통령의 해임권을 통한 통제가 민주적 책임성을 확보하는 수단임을 확인했다. 이에 따라 CFPB 국장에 대한 해임을 제한한 법률 규정은 위헌으로 보고 무효로 했다. 또한, 기관 자체는 존속하되, 그 수장은 대통령에게 정치적·행정적 책임을 지도록 했다.

트럼프 대 쿡(Trump v. Cook) : 트럼프 대통령은 연방준비제

도이사회 이사를 해임할 수 있을까?

트럼프 대통령은 2025년 8월 25일 연방준비제도이사회(연준)의 이사 쿡(Lisa Cook)에게 해임을 통보하는 서한을 공개했다. 해임 사유는 쿡이 이사직에 임명되기 이전인 2021년 주택 관련 문서에서 진술 오류가 있었다는 의혹이었다. 쿡은 이를 부인하며 법원에 소송을 제기했다.

하급 법원은 연방준비제도법(Federal Reserve Act, FRA)의 "정당한 사유"에 따른 해임 제한 규정에 근거해 쿡이 해임 대상이 되기 어려울 수 있다며 해임 집행을 정지시키는 명령을 내렸다. 결국 이 사건은 대법원까지 올라가게 되었고, 2026년 1월 현재 심리 중이다.

이 사건의 쟁점은 네 가지다.
- FRA가 요구하는 정당한 해임 사유에 이사 임명 이전에 발생한 개인적 위법·부정행위 혐의가 포함되는지
- 통화정책의 독립성을 보장받는 연준 이사를 대통령이 자신과의 정책 불일치를 이유로 해임할 수 있는지
- 해임 과정에서 사전 통지, 소명 기회 등 공정한 절차가 보장되지 않았다면, 수정헌법 제5조(적법절차 조항)를 위반하는지
- 대통령의 결정에 대해 법원이 해임 효력 정지 명령을 내린 것이 삼권분립에 위배되는지

이 사건은 연준 이사에 대한 대통령의 해임권과 연준의 독립성 간 충돌 문제를 처음으로 다루는 중요한 사건이 되고 있다.

2. 팽창하는 행정권력, 삼권분립의 경계를 다시 긋다

대공황과 제2차 세계대전의 대응 과정에서 가속화된 행정 권력의 팽창 즉, 행정국가화 현상은 20세기 중반 이후 사실상 국가 운영의 핵심적 특징으로 나타났다.

이러한 행정국가화는 입법부와 사법부에 대한 행정부의 우위를 초래했다. 의회는 세부적인 규제를 행정기관에 광범위하게 위임했으며, 행정기관은 법률이 모호하면 그것을 해석하고, 법원은 존중했다. 분쟁이 발생해도 행정기관 내부 심판절차에서 종결되는 경우가 늘었다. 결국 헌법 설계자들이 설계한 기능의 분리, 즉 입법권, 행정권, 사법권 간 칸막이가 선명하게 유지되고 있는지에 대한 근본적 질문이 다시 제기되었다.

여기에서 검토할 판례들은 그 질문을 다루고 있는 비교적 최근의 것들이다. 이들은 행정국가의 필요성을 인정하면서도, 그 권한이 헌법의 한계를 넘지 않도록 입법·행정·사법의 경계를 다시 긋고 있다.

중대한 문제는 누가 정하나, 의회인가 행정기관인가?

웨스트버지니아 대 환경보호국 : West Virginia v. Environmental
Protection Agency(EPA)(2022)

권력분립 원리에 뿌리를 둔 위임금지원칙에 의하면, 의회는 헌법이 부여한 핵심적인 입법 기능을 다른 기관에 이전할 수 없다. 다만, 의회가 행정권 행사의 범위를 제한하는 명확한 기준을 제시한 경우에는, 일정 범위의 입법 위임이 합헌으로 인정되어 왔다.

뉴딜 이후 이 기준은 점차 완화되었고, 그 결과 위임 그 자체가 위헌으로 선언되는 경우는 매우 드물어졌다. 즉, 대법원은 법률을 직접 무효화하기보다는, 해석 단계에서 행정권의 행사 범위를 제한하는 방식으로 헌법적 통제를 시도해 왔다. 그 대표적인 도구가 바로 중대질문 원칙Major Questions Doctrine 이다. 중대질문 원칙은 웨스트버지니아 대 EPA(2022) 판결에서 명시적으로 적용되었다.

◆ 사건의 배경 : 기후변화와 EPA의 탄소배출 규제 시도

이 사건의 출발점은 기후변화 문제였다. 미국은 이미 1970
년대부터 청정대기법(Clean Air Act, CAA)을 통해 대기오염 물질
을 규제해 왔다. 그런데 2000년대 들어서 이산화탄소와 같은
온실가스도 규제 대상이 되어야 한다는 목소리가 커졌다. 이에
EPA는 석탄 발전소의 배출가스를 줄이는 정책을 추진하게 되
었다.

특히, 오바마 행정부는 강력한 기후변화 대응을 국가적 과
제로 삼았다. EPA는 CAA를 근거로 청정 전력계획(Clean Power
Plan, CPP)을 발표했다. 그런데 이 계획은 단순히 발전소 내부의
배출 저감에만 머물지 않았다. 석탄 발전 비중을 낮추고 천연
가스, 재생 에너지로 전환하는 내용까지 포함했다. 이는 미국
전력 산업 전반의 구조에 영향을 주는 시도였다. 그 주요 내용
은 다음과 같다.

•주 별 석탄 발전소의 이산화탄소 배출량 감축 목표 설정

- 석탄에서 천연가스 또는 태양광·풍력 같은 재생에너지로의 전환

- 석탄 발전소의 효율 개선

- 주 단위 이행계획을 통해 전체 이산화탄소 배출량 감축 유도

이는 환경정책을 넘어 경제나 산업 전반에 큰 파급효과를 불러올 수 있는 내용이었다. 이에 대해 웨스트버지니아주를 포함한 여러 주와 에너지 관련 기업들은 강력히 반발했다. 이들은 CCA가 EPA에게 이처럼 국가 에너지 정책의 방향을 좌우할 권한까지 위임한 것은 아니며, 이러한 중대한 정책 결정은 의회의 명확한 입법에 의해 이루어져야 한다고 주장했다.

◆ **핵심 질문** : 의회의 명확한 위임 없이, 행정기관은 중요한 정책을 독자적으로 결정할 수 있나?

당사자들은 이렇게 주장했다.

웨스트버지니아 EPA

웨스트버지니아

"CPP는 국가 전력 시스템의 구조를 근본적으로 바꾸는 중대한 결정이야."

"의회는 EPA에 그런 전례 없이 광범위한 권한을 명확히 위임한 적 없어."

"EPA가 의회의 명확한 허가 없이 경제·정치적으로 중대한 결정을 내리는 건 삼권분립 위반이야."

EPA

"기후변화는 중대한 국가적 과제이고, CAA는 EPA에 대기오염 규제 권한을 줬어."

"CAA는 최선의 배출감축수단을 정하게 했고, 그를 위해서는 EPA와 같은 전문기관의 기술·정책적 판단이 필수야."

"CPP는 법의 목적에 부합하고, 비용 대비 효과적이야."

◆ 대법원은 이렇게 판결했다 ◆

정치적·경제적으로 중대한 규제를 행정기관이 추진하려면,
의회의 명확한 위임이 필요하다.

대법원은 다수의견으로 EPA의 청정 전력계획이 위법하다고

판결했다. 청정대기법에서 허용한 권한 밖의 규제라는 이유였다. 대법원은 이 판결에서 중대질문 원칙을 적용했다. 판결문의 주요 내용은 다음과 같다.

▶ 중대질문 원칙이란, 행정기관이 국가적으로 중대한 정치적·경제적 의미를 갖는 사안에 대해 자신의 권한을 주장할 때, 단순히 법률의 모호한 문구에 의존해서는 안 되며, 반드시 의회의 명확한 권한 위임이 있어야 한다는 원칙이다.

▶ 청정 전력계획은 에너지 전환을 강제하여 국가 전력 시스템을 구조적으로 재편하려는 시도다. 이는 전례 없이 광범위한 권한 확대이다.

▶ 의회가 이처럼 예외적이고 중대한 사안에 관한 권한을 행정기관에 부여하고자 했다면, 의회가 분명한 언어로 그렇게 했을 것이다. 하지만 CAA의 문언, 구조, 입법사 어디에도 그런 명확한 허가가 드러나지 않는다.

▶ 따라서 EPA가 명확한 위임 없이 전력 시장 전반을 재편하려 한 것은 권한을 넘어서는 것이므로 위법이다.

◆ **판결의 의미** : 중대질문 원칙을 통해 중대한 사안에 대한 행정 기관의 권한 행사는 의회의 명확한 위임에 근거해야 함을 분명 히 했다.

대법원은 법률의 일반적이고도 모호한 규정을 근거로 한 행정기관의 권한 확대 시도를 보다 엄격하게 심사하게 되었다. 그리고 국가적 중대 정책의 주도권을 국민의 대표기관인 의회 에 둔다는 권력분립 원리를 재확인했다.

결과적으로 행정기관이 수행하는 규제 정책이 대규모일수 록, 그 정책은 법률에 구체적 근거가 있어야만 했다. 그리고 이 를 위해서는 의회도 행정기관에 명확한 법률 규정으로 권한 을 위임해야만 했다.

행정기관은 법원의 재판 없이
금전적 제재를 부과할 수 있나?

증권거래위원회(SEC) 대 자커시 : Securities and Exchange
Commission v. Jarkesy(2024)

행정권력의 팽창 현상은 사법부와 행정부의 경계를 끊임없이 시험해 왔다. 특히 행정기관이 내부 심판 절차를 통해 사실을 파악하고, 책임 소재를 판단하며, 나아가 제재까지 부과하는 구조가 헌법상 허용되는지 여부는 오랫동안 논쟁의 대상이었다. 이 문제에 대해 대법원이 비교적 이른 시기에 명확한 방향을 제시한 판례가 아틀라스 루핑 대 산업안전보건위원회(Atlas Roofing Co. v. Occupational Safety and Health Review Commission, 1977) 사건이다.

의회는 새롭게 창설한 규제 질서를 집행하기 위해 행정기관에 제재 권한을 부여했다. 그리고 그 제재 절차는 법원에서의 배심재판이 아닌, 행정기관 자체에서 진행하는 행정심판으로 처리하도록 했다. 일반적으로 사적 권리를 둘러싼 분쟁 해결은 수정헌법 제7조가 보장하는 배심재판을 거쳐야 한다. 그런데 이 사건에서 대법원은 행정기관의 내부 심판 절차가 헌법에 위배되지 않는다고 판단했다. 산업안전보건법 위반에 대한 벌금 부과는 전통적인 사적 권리 분쟁이 아니라, 공공의 안전을 확보하기 위한 공적 권리의 집행이라고 보았기 때문이다.

그러나 행정권력이 확대되면서, 행정기관의 심판 권한은 점차 공적 권리의 영역을 넘어 전통적으로 법원이 담당해 온 사적 권리 분쟁까지 포괄하게 되었다. 바로 이 지점에서 새로운 헌법적 질문이 제기된다. 의회는 공적 권리라는 이름만으로, 본래 법원의 판단에 맡겨졌던 분쟁까지도 행정기관에 넘겨줄 수 있는가? 그리고 행정기관이 사실 확인과 법적 판단, 제재를 모두 수행하는 구조는 사법부의 고유한 역할을 침해하지 않는가?

이 질문에 대해 대법원이 또 한 번 명확한 해답을 제시한 사건이 SEC 대 자커시(2024)다.

◆ 사건의 배경 : SEC의 행정심판과 헤지펀드 매니저의 반발

이 사건의 중심 인물은 자커시(George Jarkesy, Jr.)라는 헤지펀드 매니저다. 그는 자신이 운영하던 헤지펀드를 통해 투자자들을 속이고 허위 진술을 했다는 이유로 SEC의 심판에 회부되었다. SEC는 미국 금융시장을 감독하는 독립 규제기관으로, 증권 관련 위법 행위에 대해 민사적 제재를 부과할 수 있는 권한을 가지고 있다.

문제는 SEC가 자커시 사건을 처리한 절차의 선택에 있었다. SEC는 이 사건을 연방법원에 제기하지 않고, 내부 행정심판 절차에 회부했다. SEC 소속 행정판사Administrative Law Judge가 증거 조사, 사실 확인, 그리고 이를 바탕으로 한 법적 판단을 내린 뒤, SEC 위원회가 최종 제재를 확정하는 구조였다. 이 절차를 통해 SEC는 자커시에게 금전적 제재를 부과했다.

자커시는 이에 강하게 반발하며 소송을 제기했다. 그는 SEC의 심판 절차가 수정헌법 제7조가 보장하는 배심 재판권을 침해했다고 주장했다. 또한, 행정부가 사법적 권한을 행사하는 것은 권력분립 원칙에 위배된다고 주장했다. 이 사건을 통해 대법원은 행정기관이 금전적 제재를 부과할 수 있는 사법적 권한이 있는지를 판단하게 되었다.

◆ 핵심 질문 : 행정기관은 법원 재판 없이 금전적 제재를 부과할 수 있나?

당사자들은 이렇게 주장했다.

SEC	**VS**	자커시
"증권사기에 대한 규제는 고도의 전문성과 신속성이 필요해. 내부 행정심판이 규제 목적을 효율적으로 달성할 수 있어."		"SEC 내부 행정심판은 배심재판 없이 내 재산권을 침해하므로 위헌이야."
"헌법의 배심 재판권은 행정심판 절차에는 적용되지 않아."		"SEC는 행정기관인데, 자체 심판으로 법원처럼 판결하고 제재를 한다면, 그건 사법부 권한 침해야."
"행정심판은 행정 시스템의 일부야. 사법부 권한을 침해하지 않아."		

◆ 대법원은 이렇게 판결했다 ◆

행정기관이 금전적 제재를 부과하려면 법원의 배심재판을 거쳐야 한다.

대법원은 다수의견으로 자커시의 손을 들어주었다. 판결문의 주요 내용은 다음과 같다.

▸ 배심 재판권은 미국의 사법 역사와 전통에서 핵심적 권리다. 따라서 이를 제한하거나 우회하려는 시도는 매우 엄격하게 심사되어야 한다.

▸ 연방법상 증권 사기는 일반법(보통법)상 사기와 본질적으로 유사하다. 이에 대해 SEC가 부과한 금전적 제재는 처벌·억지를 목적으로 하는 법적 구제로서 전통적으로 법원에서 다루어져 왔다. 따라서 이 사건에는 수정헌법 제7조의 배심 재판권이 적용된다.

▸ 의회는 행정기관에 광범위한 권한을 위임할 수는 있다. 그러나 그 위임을 확장해, 전통적으로 법원의 재판으로 다루어지던 사건을 행정심판의 대상이 되게 해서는 안 된다. 또한, 보통법상 사기와 유사한 유형의 사건 당사자는 중립적 법관과 시민 배심 앞에서 재판받을 권리가 있다.

◆ **판결의 의미** : 행정기관의 준사법적 권한의 한계를 분명히 하여 사법부의 통제를 강화했다.

대법원은 보통법상 사기와 유사한 사건에서 행정기관의 자체 행정심판만으로 금전적 제재를 부과한 것은 수정헌법 제7조의 배심 재판권을 침해한다고 보았다. 이는 곧 전통적인 법적 분쟁은 법원의 재판이나 배심재판을 거쳐야 한다는 점을 분명히 했다.

아울러 의회의 위임이 가능하더라도, 그 위임은 사법부 고유의 재판 기능이나 헌법상 권리를 잠식하지 않도록 명확하고 구체적이어야 한다는 원칙을 재확인했다.

법률이 모호하다면 그 최종 해석자는 누구인가?

로퍼 브라이트 회사 대 라이몬도 : Loper Bright Enterprises v.
Raimondo(2024)

행정국가화가 진전되고 규제가 폭발적으로 증가하면서, 의회는 모든 세부 규정을 일일이 명문화하기 어려워졌다. 이 때문에 행정기관이 모호한 법률 문언을 해석하는 경우가 많아졌다. 그러나 법원은 이러한 행정기관의 해석을 판단할 일관된 기준을 가지고 있지 못했다.

이 문제를 해결한 판결이 1984년 쉐브론 대 천연자원보호협회(Chevron USA, Inc. v. Natural Resources Defense Council, Inc.)였다. 이 판결은 행정기관의 법률 해석을 법원이 존중할지를 판단하는 두 단계 기준을 제시했다. 이를 쉐브론 존중Chevron Deference(쉐브론 원칙)이라 한다.

1단계: 법원은 먼저 해당 쟁점에 관해 의회가 제정한 법률이 명확한지를 판단하고, 만약 명확하다면 법원과 행정 기관 모두 이를 따른다.

2단계: 만약 법률이 모호하다면, 그리고 그 법률에 대한 행정기관의 해석이 합리적이라면, 법원은 그 해석을 존중한다.

쉐브론 원칙은 약 40년간 행정기관의 법 해석에 대한 법원의 판단 기준으로 역할해 왔다. 그러나 로퍼 브라이트 회사 대 라이몬도(2024)는 그 기준에 변화를 가져온다.

◆ 사건의 배경 : 어업 규제와 쉐브론 원칙의 충돌

1976년, 의회는 매그너슨-스티븐스 수산업 보존 및 관리 법(Magnuson-Stevens Fishery Conservation and Management Act, MSA)을 제정하고, 미국해양수산청(National Marine Fisheries Service, NMFS)에 배타적 경제 수역(EEZ) 내 수산업 관리 권한을 부여했다. MSA는 8개 지역에 수산업 관리 협의회를 설치하고, 관리 계획을 만들게 했다. 그리고 이 관리 계획에는 수산업 보존 및 관리에 필요한 데이터 수집을 위한 옵저버(관찰자) 승선을 업계에 요구할 수 있는 내용을 담도록 했다.

또한, MSA는 외국 어선 등의 경우에 업계가 옵저버 비용을 부담하도록 규정하고 있었다. 그러나 대서양 청어 조업 어장의 경우 업계에 비용을 전가할 수 있다는 명시적 근거 조항은 없었다.

그런데 문제는 NMFS가 대서양 청어 조업 어장의 관리 계획에 업계부담형 옵저버 제도를 도입한 것이다. 그 내용은 어장에서 조업하는 선박이 정부가 인증한 민간 옵저버를 의무적으로 승선시키고, 그 비용을 업계가 부담한다는 것이었다. 그리고 정부 인증 옵저버가 없는 경우, 어업 회사들이 민간 옵저버를 직접 고용해야 했다. 이로 인해 업계가 부담해야 하는 옵저버 비용은 하루 최대 약 710달러에 달하며, 이는 선주 수익의 약 20% 감소를 가져올 수 있다는 평가가 나왔다.

이에 반발해 대서양 청어 조업 회사인 로퍼 브라이트 회사는 소송을 제기했다. 로퍼 브라이트 회사는 MSA에 옵저버 승선 의무가 명시되어 있다는 점은 인정했다. 그러나 '업계가 옵저버 비용을 부담해야 한다'는 명확하고 구체적인 규정은 없다고 주장했다.

반면, 상무부 장관 라이몬도(Gina M. Raimondo)는 MSA가 어업의 보존 및 관리를 위해 '필요하고 적절한 조치'를 취할 포괄적 권한을 집행기관인 NMFS에 부여했고, 따라서 그 기관이 도입한 비용 부담 규정은 정당화될 수 있다고 주장했다.

하급 법원은 쉐브론 원칙을 적용했다. '법이 모호한 경우 행정기관의 해석이 합리적이라면 이를 존중해야 한다'는 이유로 라이몬도의 손을 들어준 것이다.

이 사건은 결국 대법원에 상고되었고, 대법원은 심리 쟁점을 쉐브론 원칙을 폐기할 것인지, 아니면 그 내용을 명확히 할 것인지로 한정했다.

◆ **핵심 질문** : '쉐브론 원칙'을 폐기할 것인가 아니면 그 내용을
명확히 할 것인가?

당사자들은 이렇게 주장했다.

로퍼 브라이트 회사	**VS**	라이몬도
"쉐브론 원칙은 법을 해석하는 사법부의 고유한 역할을 행정기관에 넘긴 거야. "쉐브론 원칙은 삼권분립에 위배되므로 폐기되어야 해."		"쉐브론 원칙은 오랫동안 확립된 선례야." "수십 년 동안 의회와 행정기관, 법원은 쉐브론 원칙을 전제로 법을 집행하고 운영해왔어. 이를 갑자기 폐기하면 법적 안정성과 예측 가능성이 심각하게 훼손돼."

◆ 대법원은 이렇게 판결했다 ◆

쉐브론 원칙을 폐기한다. 법률이 모호하다는 이유만으로 행정기관의
해석을 존중할 수 없으며, 법을 최종적으로 해석하는 권한은
사법부에 있다.

대법원은 다수의견으로 "법률 해석은 사법부의 몫"이라고

선언했다. 그리고 쉐브론 원칙을 폐기하고 사건을 하급 법원에 환송했다. 판결문의 주요 내용은 다음과 같다.

▶ 헌법 설계자들은 의회가 제정한 법률이 항상 명확하지는 않을 것임을 인식하고 있었다. 그럼에도 불구하고, 법률의 의미를 최종적으로 해석하는 책임은 법원에 속하는 것으로 구상했다.

▶ 마버리 대 매디슨 판결에서 존 마샬 대법원장이 선언했듯이, 법이 무엇인지를 말하는 것은 사법부의 영역이자 의무다. 이는 오늘날에도 유효한 헌법 원리다.

▶ 행정기관은 법률 해석에 관한 최종 결정권을 가지지 않는다. 그리고 법원은 단지 법률이 모호하다는 이유만으로 행정기관의 해석을 따를 의무가 없다. 법률 문제에 대한 최종적 판단 책임은 사법부에 있으며, 법원은 독자적인 판단으로 이를 결정해야 한다.

◆ **판결의 의미** : 법의 해석 권한이 최종적으로 사법부에 속한다는 권력분립 원칙을 다시 한번 분명히 했다.

법률이 모호하고 그에 대한 행정기관의 해석이 합리적이라면 그것을 따라야 한다는 쉐브론 원칙은, 헌법상 사법부의 역할에 부합되지 않는다고 대법원은 보았다.

　　그 결과, 환경·금융 등 주요 규제 분야에서 법원의 독자적 심사가 강화되었고, 행정기관이 법률의 모호성을 근거로 권한을 확장하는 관행에 제동이 걸리게 되었다. 다만, 대법원은 행정기관의 전문적 견해가 설득력을 가질 경우, 이를 참고 자료로 고려할 수 있다는 점은 여전히 인정했다.

미국에 관심 있습니다

연방대법원 판례로 본 헌법과 대통령제 이야기

초판 1쇄 발행	2026년 2월 6일
지은이	김애경
펴낸이	신민식
펴낸곳	가디언
출판등록	제2010-000113호
주소	서울시 마포구 토정로 222 한국출판콘텐츠센터 419호
전화	02-332-4103
팩스	02-332-4111
이메일	gadian7@naver.com
CD	허남희
마케팅	남유미
디자인	미래출판기획
종이	월드페이퍼(주)
인쇄 제본	(주)상지사P&B
ISBN	979-11-6778-181-9 (03300)